寄生营销

——低成本营销策略

JISHENG YING XIAO
DI CHENGBEN YINGXIAO CELUE

毛俊程 著

广东省出版集团
广东经济出版社

图书在版编目（CIP）数据

寄生营销：低成本营销策略／毛俊程著．—广州：广东经济出版社，2013.1

ISBN 978－7－5454－1452－3

Ⅰ．寄…　Ⅱ．毛…　Ⅲ．营销策略　Ⅳ．F713.50

中国版本图书馆CIP数据核字（2012）第177093号

出版发行	广东经济出版社（广州市环市东路水荫路11号11～12楼）
经销	全国新华书店
印刷	广东省农垦总局印刷厂（广州市天河区棠东横岭三路11～13号）
开本	730毫米×1020毫米　1/16
印张	10.75
字数	154 000字
版次	2013年1月第1版
印次	2013年1月第1次
印数	1～4 000册
书号	ISBN 978－7－5454－1452－3
定价	38.00元

如发现印装质量问题，影响阅读，请与承印厂联系调换。

发行部地址：广州市环市东路水荫路11号11楼

电话：（020）38306055　38306107　邮政编码：510075

邮购地址：广州市环市东路水荫路11号11楼

电话：（020）37601950　营销网址：**http：//www.gebook.com**

广东经济出版社新浪官方微博：**http：//e.weibo.com/gebook**

广东经济出版社常年法律顾问：何剑桥律师

写给走在营销路上的你

自序

在决定是否出版这本小书之前，我经历了谨慎而反复的思考过程，因为我深知，如今市面上已充斥太多关于营销策划与创业策略的书籍，只要随便走进路边一家书店，我们就会发现举目皆是各种营销“秘籍”、“宝典”。然而，在这光鲜热闹的背后，鲜有人去考究这些书籍的来源及其实效。事实证明，绝大部分的书都是为了获利而写的，只有极少数可以产生实实在在的效果。

鉴于此，我一直担心自己多年精心钻研、在多次实战中提炼出来的一些想法，也和这些过眼云烟的“宝典”一样，无非是为数以万计的中国垃圾营销文库增添一堆新的废纸而已。然而当我这样想的时候，心中又泛起几丝不忍，其原因就是我看到身边太多人通过本书中的营销策略轻而易举地取得成功。如果我不能将这些实操案例和案例背后的思路呈现出来，以帮助有需要的朋友，那该是多么遗憾。

这种负疚感来自于我对众多处于创业初期的朋友的体认。一般而言，资金的紧张和营销策略的高风险性是众多创业者共同面临的困境。我们总是想在低成本投入的情况下获得更大的成功，但现实却往往让我们起初发烫的头脑逐渐冷却，很多人在投入之后就感到举步维艰，成功者只占少数。

胡斯柴尔德说：“在没有能力买鞋子时，就借别人的，这样你会比打赤脚走得快。”对于创业者而言，不能等到万事俱备才去采取行动，因为好的项目稍纵即逝。创业者犹如一个打赤脚的人，能否在创业过程中尽快借到那双“鞋子”，不仅决定了我们的行进速度，更决定了我们在荆棘满布的创业道路上能否顺利走下去。而这一定律，对以营销为业的朋友们同样有效。

如果说每个做营销的人都需要找一双适合自己的“鞋子”，那么寄生营销就是一套找“鞋子”的方法与理论。寄生营销的一个基本理念，就是通过借力的方式，实现在低成本投入的情况下，顺利达到赢利、发展的目的。为了更多的朋友能在阅读之后结合自己的实际情况进行实操，我将多年来亲自操盘的一些案例呈现给大家，并在这些案例的基础上提出寄生营销学的基本理念与实操设计流程。希望这本书能够成为“打赤脚”的你顺利借到那双“鞋子”的行动指南。

毛俊程

2012年9月14日于广州珠江帝景苑

寄生营销将是新一代的营销潮流

序1 Preface

我与毛俊程老师相识已有好几年，从他开始参加我的面授班起，我就发现他具有独特的思维角度与营销手法。近来读完《寄生营销》一书，颇有感慨，可以毫不夸张地说，这本书将成为引领中国商界营销思潮与实践的全新模式。

根据毛老师的概括，寄生营销就是从借力入手，不断追求社会资源的整合，通过嵌入“宿主”而达到巧妙入侵“目标”的一种营销方法。应该说，寄生营销在很多行业都已有人运用，但目前真正对这种营销模式进行理论升华而为“学”者，独毛老师一人。

从我个人而言，我觉得《寄生营销》具有五大价值。

第一，适用面广。

寄生营销作为一种营销理论，无论商业行为的主体是谁，都可以采取这套营销策略。小到一家路边米粉店，大到一家上市公司，只要我们能找到合适的借力点，都可以进行落地实战。

第二，成本低廉。

低成本是寄生营销理念最大的特色之一。正如书中所介绍的案例，一个普通的小青年，投几千元钱就可以开始创业，第一个月就能整合电脑城周边资源，快速赢利。这是非常与众不同的营销技巧——不依靠大规模的广告投入，也一样可以获得显著的收益。

第三，不需要太多营销经验。

营销是一门实践的艺术，但寄生营销把门槛降到了最低——普通创业者可以从零起步，通过学习“寄生”的知识来消除实战中的各种障碍。这对于中国千万之众的创业者来讲，真的是非常值得庆贺的事。

第四，利用社会闲置资源。

在《寄生营销》一书中，介绍了大量的案例，都是把社会闲置资源加以整合利用的成功故事——这对于整个社会来讲，都是非常不错的思维理念。既然每个人都有不知如何利用的资源，那么，寄生营销就可以真正帮助到每一个人。

第五，有语音聊天室等培训支持手段。

任何一种营销技能的学习，都需要老师指导。毛老师不惜牺牲个人时间，在网上通过语音聊天室的方式来指导大家学习寄生营销术，进行个人创业。我认为这是一件非常难得，也非常有意义的事。

当然，寄生营销的价值远不止这几点。我所归纳总结出来的，仅是一块引玉之砖。希望这本书能够为广大创业者带来实实在在的帮助。

我在中国最早提出了“互联网总裁营销系统”的理念，希望有机会也进入寄生营销的新世界，与毛老师共同帮助千百万的中国企业家，走出一片属于自己的蓝天。

王紫杰

互联网总裁导师

互联网成交率优化系统开创者

畅销书《跟富爸爸说再见》作者

寄生营销 打造梦幻般的奇迹

序2 Preface

接到毛俊程老师请我作序的邀请时，我正在湖北邮政干部学校为湖北邮政部门训练600个内部培训师。此前与毛老师多次沟通过营销方面的专业内容，拿到《寄生营销》的书稿后一气呵成读完，自觉功力大增，收获不少！

我是在2008年考察一个培训师培训项目时结识毛老师的，当时毛老师还是一个很普通的学生，严格来说他那时还是一颗没发芽的种子。2008年年底，他参加了我在广州举办的STT企业培训师快速提升的训练班。在课堂上，他表现得非常活跃，几乎成了半个老师。在学员练习的时候，他反复强调“行为”、“行为”……而“行为”这个词，恰恰是STT最核心的精华部分，就在这个时候我开始关注他，并建立起我们之间的友谊。

如果说快速抓住STT核心让我第一次对毛老师刮目相看的话，随着我们交往的深入，毛老师的成长速度是另一件令我吃惊的事。在短短的半年时间内，我和毛老师的教学关系不断地发生改变，从我教他变成双方探讨，再变成他教我。这是我们双方寄生的过程，直至现在我们整合各自的力量，走入了共生共赢的阶段。

在这个过程中我也目睹了毛老师对销售、对营销、对人生理解的蜕变过程：寄生营销中提及的各种技巧，只是一种表象，而这些简单易用的工具、方法，其根源则是毛老师对人与人之间的关系，包括对人生哲学的解读。

比如令人印象深刻的“利益前置”概念，如果没有深刻理解“利他”的思想，是无法提出和正确运用的。

毛老师的“利他”思维已经不是停留在口头，或是表面利他其实利己的层面，寄生营销可以充分地通过实现“利他”来达到共生共赢。

读万卷书不如行万里路，行万里路不如阅人无数，阅人无数不如名师指路。与毛老师这样拥有卓越的学习力、深刻的人生观的朋友交往是一种幸运，我也相信寄生营销这个有价值的思想能够让更多的人结识毛老师，能够使更多的企业受益！

廖衍明

2012年8月于广州

目录 Contents

第一章

寄生 创造财富

人作为社会化程度最高的动物，为了生存，我们已不可能完全脱离其他人而存在。寄生营销就是顺应这样一种人类的本质，通过借力的方式实现自己的利益。在开始介绍寄生营销技术的实战操作要点之前，我们先来了解一下寄生原理的基本概念及寄生营销的最初形式。

第一节 寄生营销最早的形式

寄生的基本概念

寄生是生物学当中的一种基本概念。寄生关系是生物在进化的过程中形成的一种生活方式，在自然界是非常普遍的，比如右图所示的寄生关系。

海葵与寄居蟹之间的寄生关系

最初的寄生指两种生物共同生活，一方获利，另一方受害。我们通常将寄生、获利的一方称为寄生物，被寄生且受害的一方称为宿主，其中属于低等动物的寄生物称为寄生虫。

例如，寄生于人或动物体内的病毒、细菌、寄生虫等，均可从人体或宿主身上获得营养，进行发育繁殖，而且对人或宿主造成各种损害。病毒、细菌及寄生虫即为寄生物，而人或动物就是其宿主。

这种对宿主有害的寄生我们称之为“有害寄生”；但在后来的进化发展过程中，宿主和寄生物都进化产生互利的特征，以致能加强相互间的持续存在，这种互利共生的模式我们称之为“有益寄生”。

比如豆科植物和根瘤菌就是一个有益寄生的实例。根瘤菌存在于土壤中，是有鞭毛的杆菌，它从豆科植物的根当中吸取养分以进行生长和繁殖，同时又能提供植物生长所需的含氮化合物。这样，根瘤菌与豆科植物之间便构成了相互依赖的共生关系，它们之间有寄主共利性。人和人体肠道的正常菌群之间也是一种有益寄生关系。

寄生行为自古以来就是生物发展进化的原动力。人类几千年来文明演变的历史，亦证明寄生思维是人类文明发展的动力之一。中国有很多伟大的文化遗产和传世之作，都是寄生在已经成名的名人身上，甚至至今仍不知其真正的作者是谁。

易经八卦就是最好的例子。易经八卦通过寄生在伏羲和周文王的盛名之下得以在数千年中广为流传。后世就有更多类似的现象，有心了解的朋友可以去读读相关历史。现在很多“傍”大款、“蹭”名人的行为都成为人们下意识的动作了，这都是因为人们骨子里就有寄生的意识。娱乐圈更是无所不用其极，把寄生营销发挥到了极致。

寄生原理在营销中的运用

在意识到寄生所能带来的“省钱省力”功效之后，很多从事营销的人开始用寄生的方法进行销售。不过早期的寄生营销基本上都是模仿“有害寄生”的原理，所以当时的寄生营销又被称为隐蔽营销、埋伏营销、伏击营销，是传统市场营销学中没有的概念。直至1992年巴塞罗那奥运会上耐克对锐步的营销战，这种寄生营销思维才开始被国际营销界所公认。

1992年巴塞罗那奥运会上真正的官方赞助商是锐步，耐克赞助新闻发布会和美国篮球队，但是却通过寄生营销的行为，给人留下了耐克是本届奥运会赞助商的印象。当时耐克在奥林匹克公园附近设立了一个体验中心，与市民进行互动，还邀请体育明星前去作秀，风头盖过

（图片来源：http://xiangce.baidu.com）

体育营销之中的寄生现象

了锐步。对于这种行为，奥组委和政府都无权干涉，因为耐克租用的是一家紧挨奥林匹克公园的私人停车场。

自此以后，这种通过对运动会中的个人进行赞助以将自己伪装成运动会赞助商的方式被很多商家所利用。这让体育营销实务界头痛不已，近年来也成为体育营销理论界研究的一个热点。

这种被称为隐蔽营销、伏击营销的寄生营销方式，对宿主的利益会造成很大伤害。如果寄主已是具有一定品牌力的商家，这种方式可以在短时间内提高品牌知名度；但是对于大部分做营销的人来说，他们所经营的产品只是一个初创期，这时候就选择有害寄生的方式进行营销，效果往往适得其反。

前两年流行的“山寨”，就是寄生营销模仿有害寄生的简单思路显现。这些有害寄生都是为了自身的私利，严重地伤害了宿主本身的利益。这不仅有违商业道德，也不符合可持续发展的企业经营之道。我们来看看寄生营销中有关有害寄生的一些图片，这些都是寄生在某些著名品牌上的真实案例。

（图片来源：http://bbs.163.com）

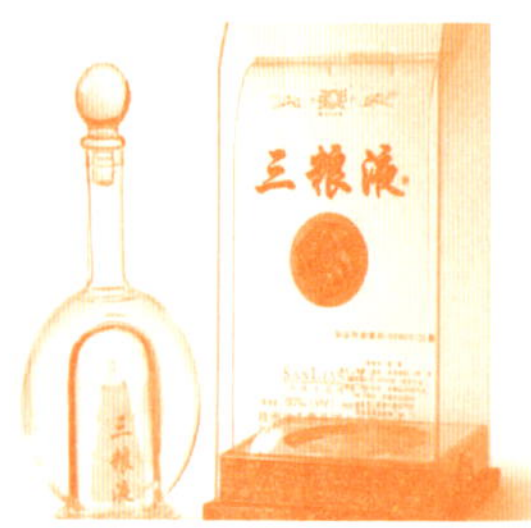

（图片来源：http://bbs.163.com）

（图片来源：http://www.chinese.cn）

（图片来源：http://bbs.163.com）

（图片来源：http://bbs.163.com）

（图片来源：http//www.365.cn）

（图片来源：http://www.chinaren.com）

（图片来源：http://www.baidu.com）

寄生营销的基本定义

我们常见的寄生营销最早的形式是在挂历和打火机上面做广告，后来的医疗杂志广告和店铺招牌广告也是利用相同的人性原理并使其不知不觉地流行了起来。这些广告的形式逐渐让我在意识中形成了寄生营销最早的理论雏形——寄生营销1.0版。

我倡导的寄生营销学理论（以下简称寄生营销）和起源于巴塞罗那奥运会上耐克对锐步的营销战的寄生营销本质上的差别是——我模仿的是有益寄生。

（图片来源：http://www.nipic.com）

挂历的寄生营销

从某种意义上来说，寄生营销并不是我开创的，只不过是我在对人性的解读之后，总结出来的一套新的、可以实战的营销设计方法罢了。为了方便理解，我对寄生营销进行了定义：

寄生营销就是模仿有益寄生原理，以驱动消费者产生消费行为的营销活动。

围绕这一核心点，我将根据不同的寄生方式和流程设计的难易程度，区分出四个版本的寄生营销策略。在所有版本的寄生营销理念中，要遵循的一个基本原则就是借助的媒介必须对宿主、顾客、受众有利。纵观其他能够长期生存，并且肯定会发展下去的广告媒体——电视、电台、报纸、杂志、网络等，哪一种不是必须符合对广告受众有利的原则？

而那些传单、横幅、小册子、招贴广告、户外广告牌等的效用都会随着时间的推移而逐渐下降，最终沦为垃圾信息，被人们所遗弃。寄生营销从起源开始，就摒弃这些对受众无利的媒体，而是从人们每天的活动中去寻找可以传递信息的相关物品。

比如：楼层标示牌、电脑鼠标垫、便笺纸、商家的广告火机、便民小册子、笔筒、笔、专家建议书等。我们每个人每天都在生活、工作、消费、交际四个层面中活动，并在这四个层面上寻找适合自己的寄生媒介，如下图所示。

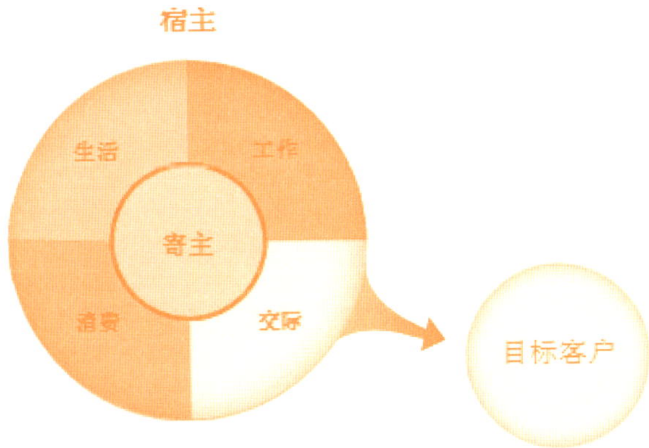

寄生宿主和寄主的关系

从营销的角度看，我们都可以选择这四个层面作为寄生的媒介点。除了要求我们的行为对宿主有利外，还要记住的是，应该从目标客户角度寻找合适的媒介和物品。

你可以敲分众的竹杠了

有了以上寄生营销的基本概念，就容易掌握在营销行为中借力这一重要手段。在我们日常生活中的各个层面，都很容易找到寄生的对象，比如信息传播媒体就是其中的一种。

传统的媒体，例如电视、电台、报纸、杂志等主要是寄生在生活层面上。分众传媒的江南春发现了这个规律，创造性地开创了分众传媒模式，现在他已把触角伸到消费层面了。

（图片来源：http://www.techweb.com.cn）

分众传媒江南春

我最近去做一些小企业的现场咨询，发现在写字楼的卫生间里出现了一些蹲位广告牌。然而奇怪的是，为什么不用视频广告而是用相框广告呢？估计是广告公司考虑投入太大，资金有瓶颈。我倒建议有兴趣的风险投资者，可以在写字楼的卫生间做蹲位视频广告，效果肯定会比分众传媒好。原因很简单：蹲位视频广告受众接触的时间要比分众传媒的那些选点更长，并且是一对一的接触，不会被其他因素干扰。

这个思路要是被江南春知道了，他应该不会给其他广告公司机会，毕竟，分众传媒怎么会让又一个“聚众”起来与他竞争呢？不过，你如果有一定的资金，可以先占领一小部分市场，然后等着分众传媒来收购，或许可以敲敲它的竹杠！

第二节　寄生营销的四个版本

如上所述，寄生营销是要借助宿主来传播自己的产品或服务信息，从而提高自身知名度，以带来更多顾客的一种营销方法。在本书中，我们将介绍寄生营销的四个版本。

寄生营销1.0版是借助一定的物品，促进产品或服务对消费者形成有利的传播动力。因为它追求的是自身营销行为和竞争对手的差异性，所以也叫差异营销。

简单来说，就是通过一个对顾客有利的物品来传播产品的信息，在让顾客体验产品价值的同时，也让他们获得借力物品所带来的价值。当一个载有产品信息的物品对顾客有利却又不用付出代价时，就形成了自动传播的动力。

与此同时，我们所提供的借力物品，相对于竞争对手要具有差异性，通过突出自身物品的价值，为顾客提供独特的体验。

这种方式有两个好处：一是受众面十分精准，可以让信息的受众成为我们的顾客；二是对顾客的心理产生感情负担，能比较稳定地维护商家与顾客之间的相互关系。这个版本的方法最适用于在一定区域内（如商城、写字楼等）进行重点传播。

寄生营销2.0版是借助新闻事件的传播动力，针对新、奇、特事件的传播特性，通过产品的相关性，以嵌入相应信息的技巧来借力传播，所以又叫事件营销。

人天生就对新、奇、特的事情感兴趣，我们可以充分利用人的这种天性来传播产品信息。无论是既有新闻事件还是需要制造出来的事件，我们都可以通过信息植入的方式来达到传播的目的。

这个版本的优势在于可以在较大范围内传播事件信息，让更多的人有机会获取相关资讯，从而形成一定的吸引力。人们在接触新奇事物之后总喜欢拿来与其他人一起分享，因而自动传播力也比较高。

寄生营销3.0版是借力于行为动力的利益驱动，以利益前置技巧来借助他人的帮忙，把营销信息传播给目标受众，所以又叫人脉营销。

如果说寄生营销1.0版会随着物品价值的降低而影响信息的有效性，2.0版会随着时间的推移而降低新奇效果，那么寄生营销3.0版则实现了利益驱动的持续性。

古人云："天下熙熙皆为利来，天下攘攘皆为利往。"我们相信一切行为的驱动力都是来源于利益。因此，如果能够帮助别人实现利益，将是其行为动力的一大助力。与此同时，我们也相信因果循环，我们能够种下利益的"因"，就肯定会得到我们想要的利益的"果"。因此，只要帮助他人实现利益，那么我们的利益也同样可以实现。

如此一来，寄生营销3.0版便成为一种可持续的行为模式。透过与第三方的合作，用利益驱动的方式实现产品或服务信息传播。这样的方式，可以通过几个渠道吸引顾客自动上门成交，减少了营销的成本。

寄生营销4.0版关注人性的最基本需求，那就是被关心的渴望。借助这种需要人关心的天性，我们通过服务的方式来让顾客感受到被关心。也就是借力于人类需求的天性，从人性出发，采用种利得利的因果原理，通过先贡献价值的方式，从根本上打动受众的心灵，所以又叫服务营销。

在产品同质化日趋严重的今天，如何在服务上体现差异化，同时通过服务植入真正的关心理念，决定了我们的竞争实力。

从以上四大版本的定义中，我们总结出一个寄生营销的共性，那就是：借力是寄生营销倡导的思维模式和行为模式，是寄生营销的精髓。

寄生营销常常强调的一句话是：方向不对，努力白费。很多人都认为，凡事只要努力就可以达到目标。我们认为，努力去借力才是最重要的，因为一个人所能掌握的资源都是有限的，只有通过借力的方式，才能使资源达到使用效率的最大化。

以上是寄生营销策略的四个不同版本，下面我们通过不同的案例来呈现这些版本的设计过程与效果。

第二章

寄生营销1.0版案例

从本章起，我将为大家讲解一系列我所操盘的寄生营销实战案例以及符合寄生营销原理的相关案例，让朋友们真正理解寄生营销的设计流程。在每一个案例之后，我都会进行一定的总结分析，希望对大家有帮助。

第一节　电子批发城的闪电快餐

以下这个快餐创业的案例，是我在正式进入营销培训行业之前，如何以有限的资金（2万元）在短时间内完成对一个电子产品批发城的快餐垄断。

记得这件事情发生在2008年的夏天，当时我的朋友阿良来找我诉苦。他说他有个弟弟叫阿林，小学毕业就出来打工赚钱贴补家用，阿良读大学都是他弟弟阿林打工赚钱供的，所以阿良一直都有个很大的心愿就是帮助弟弟创业。

遗憾的是，他尽力帮了好几次，弟弟创业都是以失败告终。这一次，阿林在一个电子产品批发市场的老乡档口干了几个月后，看到快餐生意很好做，于是决意在这一区域做快餐外送的生意。

阿林打算在电子城的旁边找个三房一厅的住宅做快餐生意，所以就打电话给阿良说要5万元做本钱，但是阿良却觉得弟弟异想天开，因为阿良认为快餐生意竞争太激烈，弟弟文化水平又太低，餐饮方面的经验很少，不相信他能把生意做起来。

与此同时，阿良最担心的是万一弟弟再次创业失败，那对弟弟的打击肯定很大，毕竟他已经尝试过五次创业了。正在纠结之际，阿良知道我擅长做创业指导，就想让我劝劝他弟弟，打消这个做快餐的念头。我了解了具体情况后，有了初步的思路。

我对阿良说："你借2万元给你弟弟，我教他操作方法，保证没有任何风险就可以成功。"

两天后，阿良带着阿林来我家里。我一边泡茶，一边开始和阿林慢慢聊了起来……

我问阿林："在这个市场送餐的其他店都是怎么做宣传的？"

阿林讲："都是发印着菜单的名片，也有发菜单的。"

"多长时间发一次？"

"一般都是每个月发一次。"

"为什么每个月要发一次？是不是要经常换菜单啊？"

"主要是名片很容易被废弃或丢失。"

"快餐卖多少钱一份？"

"10元钱左右，好一点的要十四五元。"

"附近有没有便宜点的快餐？"

"有是有，就是距离远了些。"

"多远？"

"就在前面的工业区，来回要半个小时以上，骑自行车就快点。"

"那里的快餐一般多少钱一份？"

"五六元一份，好一点的要七八元。"

情况了解清楚后，我有了清晰的思路，于是就把刚刚想好的流程告诉他：

你先去找工业区的餐厅老板，和餐厅老板谈价格，用批发的理由压价。尽量在保证价格最低、品质最好之间，找到平衡的价格，而且一定要找两家以上来合作。

然后，将这个谈好的菜单设计成广告，你的档铺的名称就叫"闪电快餐"。这个名词好记、易传播，并且可以望文生义。

紧接着你再去找一个电脑鼠标垫的厂家，把菜单印在鼠标垫上，先印2000个。

最后去电子城里发鼠标垫。记住一定要跟商户们说："从今以后，鼠标垫不要去买了。不好用了，不喜欢了，想换个新的，打个电话给我，我会在送餐的时候给你拿个新的！"

就这样，不需要开店。回去干吧！

阿林回去就按照我教给他的方法开始了他的第六次创业之路。过了20天左右，阿良又来找我，还给我带来几斤上好的铁观音，说是阿林从老家花3000多元买来送给我的。

（图片来源：www.nipic.com）

阿林的生意慢慢地做起来了，现在每天可以送200～300份快餐，一天可以赚500～600元，还请了4个员工一起干，阿林的创业算是获得初步的成功了。

但是阿林面临的竞争也很大，而且开始有人准备模仿阿林的方法了。阿林感觉到了危机，特意打电话给阿良，希望我可以再帮忙设计一个营销方案，一来可以遏制一下竞争对手，二来可以让营业额再得到提升。

我开玩笑地说："看在你弟弟送来的茶叶分上，就再教你一个方法吧。"下面就是我和他说的新方案：

> 你叫阿林去找一家印刷厂，印几千本便笺纸（便利贴），只要在上面印上"闪电快餐"和订餐电话便可。派发方法和鼠标垫一样，去跟每个档口老板说："免费提供便笺纸。用完打电话要，送餐的时候顺便带给他。"不过记住，每次只能送一本，这个很关键。

阿良有些疑惑，不过还是打电话给阿林传达了我的方法。

我们可以想象一下，店主用便笺纸贴满了整个电子城，那些档口的客户，中午也要吃快餐，转到任何一个角落都有闪电快餐的广告，肚子饿了的时候，第一个想到的必定是"闪电快餐"四个字。而那些档铺的老板，用了免费的便笺纸，也不好意思不点阿林的快餐吧。只要点过，都会感受到"闪电快餐"的超值品质。

故事其实还没有完，就这样又过了3个月左右，阿良和阿林哥俩又找上门来了。这次阿林是开着刚买的一辆面包车来的，看来这几个月的生意确实有了天翻地覆的变化。

（图片来源：http://www.dianping.com）

坐下来喝茶聊天后，我慢慢了解到，现在阿林每天的快餐数量已经突破600份了，但是波动很大，稳定性很差，并且人手也吃紧。

我问阿林："你现在碰到什么头痛的问题了？"

阿林说："主要还是投诉。"

"投诉什么？"

"送餐不及时、错单和掉单。"

"为什么会发生这些事情？"

"主要是因为中午时间短，一下子要处理那么多打进来的电话，很容易混乱，也没办法每一个都可以及时送到。这本来就是我们这行都头痛的事情。订单的处理速度成了我现在的瓶颈。"

我笑了笑说："这个好解决，你算一下，如果我帮你在11时之前就让顾客把所有的订单给你，你可以节省下多少钱？让你哥帮你算算。"

阿良是财经大学毕业的，这点事难不倒他。最后阿良算出来的结果是，如果顾客在11时之前就将所有的订单给阿林，那么每份快餐可以节省下2元钱左右的成本。

我得到肯定的答复后，就跟他们说：

如果每份成本能够节约2元钱，那么我就能帮你们设计一个垄断这个市场所有快餐的方案。只要按照我说的去做，其他送餐的都会自动离开这个电子城。

不过，我一般做垄断指导是要收费的，最低也要8万元。你哥和我关系不错，我先不收你钱，等你的目标完成后，你觉得可以付多少就随意吧。

方法很简单。你回去后，一家一家地去找到商铺的老板，然后告诉他们：只要他们在10时之前订餐，每个快餐就可以便宜2元；11时之前订餐，每个快餐额外加一份价值1元的酸菜。

记住，重点是不要用任何宣传方式，必须用逐个口头告知的方式。

阿林回去后就开始按照我教的技巧执行。据他哥说，两个星期后阿林的“闪电快餐”日送餐量就超过了1000份，并且还准备把一家快餐店盘下，实现开店做老板的梦想。

不过，我后来再也没有见过阿林，阿良也渐渐不来了，也许这就是人性使然吧。其实我还有更好的、更有效的方法可以改进他的生意，只是已经没有机会教他了。或许，他觉得自己再也不需要了。

☆案例总结：

这个案例的一个关键点是要在找到市场突破口的基础上，借助一定的物件（鼠标垫、便笺纸）作为媒介，在将自己的产品（快餐）进行传播的同时，也为顾客带来方便。当这样的方法被竞争对手模仿了之后，还必须根据顾客的具体需求寻找新的媒介。

在整个借力的过程中，我们都应该始终遵循借力物品对顾客的有益性。此外，在赠送物品的时候，还要遵循一次一件的原则，这样可以提高与顾客之间的交流质量。通过一系列连续的动作，餐厅老板与顾客之间便会逐渐形成一种共生模式。

此外，我们不仅要坚持借力物品对顾客的有利性，同时还要考虑借力物品的性价比和适用度；既要让顾客感觉到物品的价值，又要将价格控制在我们所能承受的范围之内，注意好两者之间的平衡。

第二节　与汽车美容店进行的合作导流

这个案例是我在做砂锅粥培训的课堂上帮一个学员临时设计的。这个学员想开一家高端的砂锅粥店，目标顾客定位很精准——有车一族。

目标顾客定位好了之后，他比较困惑的是应该到哪些场所、以什么样的方式来实现借力。通过了解，我发现他开店选址的附近有不少汽车美容店，而他的目标顾客又是有车一族，因此决定通过汽车美容店来实现借力。

我们当时的总体思路是通过为对方印刷粥店现金卡的方式，实现顾客主动上门来消费。因此当场给他设计了如下操作流程：

首先找一家广告公司做1000张15～30元不等的现金卡，材质和版面设计一定要好。

其次，买回几条红布做几条横幅，上面印上：“洗一辆车15元，洗完立刻送您15元。”

（图片来源：http://qtu123.com）

以上物件准备妥当后，在当地各个区域找到生意中等的洗车店的老板，让他和你合作。合作方式就是让他帮忙把做好的横幅挂在洗车店里，并让员工每洗完一辆车就发一张现金卡。

不知他后来有没有完全按照我设计的方法使用现金卡，但我知道他的生意是学员中最稳定的，每个月都有3万元左右的稳定收入。

后来我应朋友吴总之邀去上海指导她开店，也是用这个方法去吸引第一批客人。具体操作与上面所说的大同小异：印好现金卡，做好横幅，安排全体管理人员出门寻找洗车店洽谈合作。

第一天，店长带着经理和领班五六个人忙了一天，找了二十几家洗车店，但是谈下合作的就只有两家。

回来开会总结后，我才明白为什么效果这么差。原因其实很简单，主要是因为上海是个高消费的大城市，20元的现金卡根本没有什么吸引力。

于是我立刻修改方案，重新定制了一批带磁条的100元的现金卡。然后做了十条横幅，印上："辞旧迎新，年前购年卡立刻送600元。"

一切准备妥当之后，我们再次安排人去谈。这次，除了三家店的老板不在，经理不敢做主外，拜访的十家店有七家愿意和我们合作。

方案落实之后，效果立竿见影，第二天店里就来了67桌客人。

年后，上海方面打来了报喜电话，告诉我每天的营业额都保持在1.8万元左右。

☆案例总结：

这种方法之所以容易成功，是因为我们所借力的物品既能够为合作对象带来利益，同时又是在对方没有或付出很少成本的情况下实现的，宿主只需要帮忙介绍顾客到吴总的店去消费就行了。

这个案例是借力营销的标准模式之一，在很多行业中都可以应用。这个方法除了要遵循对宿主有利的原则之外，还要注意根据不同的市场情况，设计出更具吸引力的方案。

与此同时，在寻找宿主的时候，首先要保证我们的目标顾客同时也是宿主的目标顾客，而我们与宿主所做的项目不一定相关。此外，我们所选的宿主的生意一定不要太好，要记住：只有生意一般或有下降趋势的宿主才更容易与我们达成合作。

第三节　鲜榨橙汁救活一家店

我有一个湖北的学员，在中山市开了家美容美发店。从开业到前来向我咨询时，他开店已有一年零三个月了。

当时我还在做砂锅粥培训，因此很奇怪：为什么美容美发店开得好好的，还跑过来跟我学习做砂锅粥？

原来仅在他开店的同一条街上，已经有11家美容美发店，竞争非常激烈。加上他因为开业时间没有别人长，新老客户都不够别人多，所以生意一直都不好。

（图片来源：http//zhangxuming2007.51.com）

最近他感觉还是餐饮业好做，所以特意来学做砂锅粥，想开一家粥店。粥店位置也看好了，打算学好技术后，回去就开业。在做砂锅粥培训的过程中，我会给我的学员讲营销的知识，听完以后，他就一直问我，他那家美容美发店是不是也可以通过设计一个营销方案让它火起来。

他缠了我好几天，其间又是给我买烟，又是给我买茶叶的，还给我家孩子买了玩具。我心里实在过意不去，只好坐下来开始跟他沟通。

我问："在这条街上，有十几家差不多的店，你的店有什么不同？"

他说："都差不多，价钱都一样，手艺差别也不大，就是我的店后开，装修新点。"

"装修新不是卖点，还有没有什么特别之处，是其他店都没有的？"

"我们是后开的店，一般是别人做什么，我们就模仿什么，没有什么特别的地方。"

"嗯，这是个难题，其实我也不懂这个行业。这样吧，我问你，你个人有什么值得骄傲的能力？"

"嗯……我斗地主很厉害！"

"哈哈，这个不行。对了，你老婆以前不是也做过餐饮业吗？她有什么绝招？"

"我们没有结婚之前，她在酒吧做吧台。结婚后，开过一个小吃店。她饺子包得特别快，味道也很好。"

"饺子不行。她在吧台做什么？"

"就是调酒、调奶茶、榨果汁那些。"

"那你问问她，她最擅长的是什么，要成本低的。"

最后搞清楚了，她做得最好的是橙汁，成本是8角钱一杯。同时也搞清楚了周围的西餐厅、咖啡店、酒店的鲜榨橙

（图片来源：http://www.nipic.com）

汁的价钱：每杯最便宜的是8元，比较贵的是15元。

我让他回去后，让他老婆在店里现场榨果汁，送给每个来店里的顾客。让店员特意跟顾客说是老板娘亲手榨的……

2011年中秋节那天，他给我打来电话，我问他粥店开得是否顺利，他说自从开始送果汁之后，他的美容美发店的生意就慢慢地好起来了，目前已经快超过这条街上生意最好的那家了。现在店里生意忙，没有时间去开新店。时至2012年端午节，据他讲，他和老乡已经合伙开了三家美容美发店，估计粥店是不可能开了。

☆案例总结：

看完这个案例，很多朋友或许就会疑惑，因为通过提供竞争对手所没有的一些免费消费品以获得更多顾客是很多商家都在做的行为，这个思路与前两个案例不太一样，是否可以划归为寄生营销的范畴呢？

对此，我的考虑是，我们这一版本的寄生营销主要是借助"物"来进行寄生。无论是借力于物而与其他人合作，还是在自己店中借力于特定物品，都属于这一范畴。我的思路就是把美容美发的生意寄生到果汁上，以使店内的服务与竞争对手产生差异。在服务行业中，这种营销方法很有普适性。

第四节　酱油和陈醋也是营销利器

这是一个我至今还觉得有点后悔的案例。这个案例提醒我：商场如战场，帮人做营销，也要分对象，并且弄清真实情况，否则会对他人不利。

事情是这样的，在我住所隔壁一个村子的街上有一家桂林米粉店。这个店是一对夫妻带着自己的两个孩子开的，平时生意特别好，每天的营业额能做到1500元钱左右。一家人虽然忙，倒也自得其乐。

后来，这家人的一个远房亲戚去他们的店里玩，看到他们的生意很火爆，于是马上就在他家的对面也开了一家桂林米粉店，装潢及布置跟他家的一模一样，连味道也差不多。

（图片来源：http://www.youboy.com）

由于味道差不多，原来喜欢吃桂林米粉的顾客看到哪家人少，就去哪家，方便了很多。但这可苦了原来的那家，本来好好的生意，一下子下降了一半。为了这事，店主和对面那家还发生冲突打了一架，最后两家由亲戚变成了仇人。

因为人流量相对固定，两家店的生意都差不多，每天的营业额为700～800元，收入只是比打工好点。

面对这样的窘境，后开张的那家店也开始后悔了，可是投资了好几万元，只能硬着头皮做下去了。这家店有个姐姐在蔬菜批发市场卖水果，认识我有好几年了。有天她提了一点礼物来找我，非让我去现场看看，帮忙找个解决方案。

看在和他姐姐的那点交情上，我就跟着他们去了，然而去之前心里也没有底。

到现场看了一下午，也远远看了对方的店内情况，发现两家店几乎一样，连桌子上的醋和酱油都是一个牌子。我问了一下，都是其他小吃店常用的酱油和醋，价钱便宜，都不到2元一瓶，送货的都是一个调料店。

掌握了这些情况后，我基本上明白应该从哪里着手了。于是我把他们两公婆叫到僻静处，告诉他们：

首先让老板晚上去其他市场买最好的酱油和醋回来。

然后，把原来的酱油和醋倒掉，把好的酱油和醋对瓶装好。

重点是：要晚上收工后偷偷干。

自从开始执行我的方案以后，只用了不到3个月，之前那家的生意就跌到200～300元一天，最后只好关门转让了。不过让我有点愧疚的是，倒闭的这家店，差人将我指导的这家新店给砸了，两家生意都做不成了。事后回想，帮人做营销也要分对象，要弄清楚事情的来龙去脉。

☆案例总结：

这个案例与美容美发店的案例有异曲同工之处，我的思路都是通过借力于物品而实现服务的差异化。其中的一个重点就是一定不要让竞争对手察觉出服务的差异性在哪里，因为这样的行为很容易被人模仿，所以要尽量隐蔽地进行。

与此同时，这个案例也提醒我们，如果想超越竞争对手，还要用心研究对手的行为，要成为竞争对手的客户，从对手的产品或服务中理解我们与之存在的差距，从而找到相应的对策。

第五节　李宁鞋的清货策划

这个策划是在写这本书的过程中产生的。有天我写书写到凌晨3点多钟，实在支持不住，就去睡觉了。早上6点多时，我被小孩子起床上学的吵闹声给吵醒，实在没法睡了，只好起来继续写。

还没写到500字，就看到QQ上有人找我。我纳闷了，谁也和我一样早早起来呢？点开头像一看，才知道是一个远房侄子，他正愁得没法睡。

我一问才知道，原来是前几天他一时冲动接了一批李宁牌的断码鞋，但是却不知如何卖出去。他总共进货304双，进货价是60元一双，打算卖130元一双。前两天去街上摆摊，他以100元一双的价格卖了5双，不过都是熟人买的。

此后他的生意一直不好，现在正着急上火，没法睡，于是他打算在网上卖。正当他在网上了解淘宝的时候，看到我上线，于是就问我是不是可以帮忙想个方案。

我问他："这种鞋在其他店里卖多少钱一双？"

他说："一般都要300多元，就是断码促销也要200多元。"

"你有熟悉的朋友卖高档衣服的吗？那种单件不低于300元的服装店。"

"有个哥们，卖品牌服装的。"

"有没有认识卖鞋的？"

"可以找到。"

"那好，你打电话过来，我教你如何做。"

（图片来源：http://www.taobao.com）

你先去做一条横幅：消费130元，就送130元。

然后去找你的开服装店的朋友，问他最近生意如何，等他回答生意状况。

只要他不说"生意好得赚翻了"，你就问他想不想把生意做得更好，然后顺势叫他搞促销。

把横幅拿给他看：消费130元，就送130元。

他肯定不干，要不就会有疑惑。你只要告诉他，送的130元由你送，方法就是：

李宁的鞋子打折，卖260元一双。

你送一只给他做赠品，另外一只在某某鞋店里，只需要付一只鞋的价钱就可以拿到。

你再去鞋店谈好代销价，让鞋店帮你收钱。

这个流程设计出来后，他第二天就开始去执行了。由于他卖的是李宁牌的鞋子，很多人都是冲着牌子来的，没过多久就清仓了，算是小赚了一笔。

☆案例总结：

这个案例还是强调以其他商家为媒介，进行借力营销。整个流程只花费了很小的成本，但却达到了很好的效果。现在很多商家都在用“买多少送多少”的方式进行营销，不过大都是商家内部不同产品的销售方式。我们此处所做的营销策划，提倡的是经营成本较低，但却能在短时间内见效的方法。

这个案例和以上案例的一个共同特点是：利用宿主原有的巨大顾客流量，通过一种价值分享的方式，既让宿主扩大人流量，又为顾客带来实实在在的好处。当然，我们也同样在这个营销流程中获利，因此体现的依旧是一种共赢共生的态势。

以下的案例不是我操盘，当事者估计也没有什么寄生营销的概念，但是他们的经营行为与我们提倡的寄生营销1.0版极为相似，值得我们好好分析和借鉴。

第六节　保健理疗店，赚着钱做营销

2010年，王先生开了一家体控理疗店。起初由于人们对新生事物的不了解，生怕上当受骗，所以王先生的生意一直很冷淡。

体控理疗是什么？其实很多人都是第一次听说。体控理疗就是一种集保健、美容、治疗于一体的新型理疗方法，效果非常不错。

为了尽快拓展市场，王先生开展了许多促销方法，如：散发名片、开展免费体验、价格优惠等方法，但收效甚微。

有一天，王先生突然想起了不久前的一件事。一个朋友给了他一张“合理膳食”的科普宣传图，上面图文并茂地写有“40种不能搭配同吃的食物”、“不同疾病征候人群的食物”等知识。

（图片来源：http://www.nipic.com）

王先生当时就想，随着生活水平的不断提高，人们的健康意识越来越强，而“合理膳食”又是人人用得上，家家必备之物，如果能将这些图上的知识转化为便于携带的小册子，再将自己的服务项目嵌入进去，说不定也是很好的宣传方式。于是他决定将这张宣传图改编成五开的小册子。

小册子设计得非常漂亮，封面上方是三口之家的人物图片，下方印着“合理膳食，均衡营养”八个醒目大字；封底上印成居家服务常备电话，如：清洁公司、搬家公司、电脑维修公司、理疗服务等，里面就适当加入了关于他的服务项目的介绍及联络方式。

但是很多事情都是说起来容易做起来难。单印刷宣传资料5000册，就需要4000多元，这对于刚创业的王先生来说，是一笔不小的开支。

为了节约开支，花小钱办大事，王先生想到了去整合家居服务行业的同行们，在将他们的信息写在册子上的同时，也让同行们来帮助其一起承担成本，于是王先生写好合作协议书后就立即行动起来。

第一家整合的公司，是王先生在报纸上找的一家电脑维修公司。王先生通过电话简要与公司负责人沟通后，维修公司立马就让王先生去公司详谈。到公司谈了不足5分钟，王先生就与该公司签订了合作协议，交费成交。

首战告捷，王先生有了极大的信心，用同样的方式驱动其他公司，很快他集合了共15家家居服务公司。

和所有商家谈妥合作方案后，精美的宣传小册子很快诞生了。这样一来，原来由王先生一人承担的4000多元宣传制作费，成了15人共同承担，一下子节省了近93%的成本，王先生非常开心。

但与此同时问题又来了：如何将宣传小册子送到市民手中，并保证它的有效使用？王先生当时想，免费派送的方法，被人用烂了，没有人会珍惜，肯定是不会有效果的。所以他就反其道而行之，采用卖的方式。定价为一册两元，两册三元，价格不高，人人都能承受。

这样一来，王先生不但进一步降低了自己的成本，而且还稍赚了点小钱。随着册子的畅销，王先生的生意也一天天地好起来。同样的，另外14家家居服务公司的生意也越来越红火。

尽管该方法给王先生带来了很大的收益，但他当初并不知道这就叫“寄生营销”，而是后来在一次学习后才知道其实他早就使用了寄生营销的方法。真是有心栽花花不开，无心插柳柳成荫！

☆ 案例总结：

在这个案例中，王先生经历了一些失败之后，开始通过借力的方式来为自己的服务项目做宣传。通过借助小册子本身的传播价值以及其他商家的成本承担，王先生在资金非常有限的情况下实现了成功创业。

王先生的举动告诉我们，当我们遇到宣传问题的时候，首先要反思当下同行中所运用的方式，尽量从目标受众来考虑他们的需求（如健康知识）。以这些需求点为中心，注重借助其他商家的力量，设计出更为合理、顺畅的营销流程。

第七节　鸡蛋上做广告获利万元

鸡蛋也能开口“说话”。

见过公交广告，见过路牌广告，你见过鸡蛋上贴的广告吗？这两天（2010年9月30日），重庆沙坪坝区天星桥、高新区石桥铺等地的家庭主妇发现，农贸市场出售的一种鸡蛋贴上了不干胶，宣传某品牌山药面条。

“呀，这鸡蛋上还写了字？”

“山药面条？这个面跟鸡蛋有啥关系？”

（图片来源：http://www.nipic.com）

昨日，石桥铺渝州交易城农产品区一摊位围满了人，人手一个鸡蛋议论不停。原来，每个鸡蛋上都贴着漂亮的不干胶，上面写着某品牌山药面条的厂址和联系电话。

“广告鸡蛋，5元钱一斤，一样的价格，不一样的鸡蛋……”摊主陈方君吆喝道。看到这筐贴得很花哨的鸡蛋，不少人纷纷驻足，得知上面做的是广告时，都忍俊不禁。本来准备只买米的王国英，拿起两个鸡蛋看了又看，说：“有点好耍，反正要买蛋，给我来一斤，拿回去慢慢看。”

陈方君说，这种广告鸡蛋是前天到的货，进了7件共2000多个，当天下午就卖光了，昨天又补了10件货。顾客觉得稀奇，而且这种鸡蛋的价格与其他鸡蛋价格相同，因此大多选择购买这种“会说话”的鸡蛋。通过我们的了解，原来这是两个大学毕业生正在开创的“让鸡蛋开口说话”的广告事业。

女大学生的灵感

广告蛋的供方，是两名刚毕业的大学生——22岁的李朝利和24岁的张春春。她们说，“让鸡蛋开口说话”的创意，其实是个“舶来品”。

两人都是四川省广安市人，是中学同学。创意者李朝利今年7月从山西医科大学毕业。刚进大学时，她就有了自己创业的想法。

读大二时，李朝利偶然在网上看到日本一家企业把自己的产品宣传贴到鸡蛋上。2010年3月，李朝利来到重庆后，和张春春一拍即合。经过1个多月的随机访问，她们觉得鸡蛋广告有市场，也不需要太大的投入，很适合大学生创业，遂决定成立广告工作室，专攻鸡蛋广告。

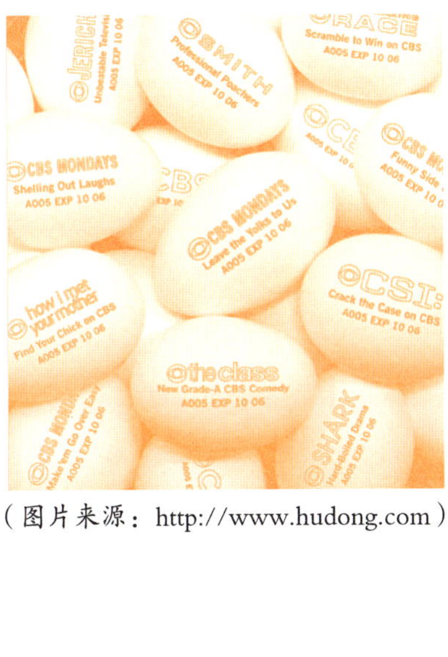

（图片来源：http://www.hudong.com）

两人将广告对象定位为食品、日用品等进入普通家庭的产品。“让鸡蛋开口说话”，成了他们的目标。

2010年4月，两人的“绿色巴适广告部”注册成立。经过多次磋商，她们终于与部分超市达成共识：在超市出售的鸡蛋上贴广告，给超市一定的补贴。

随后，她们找到万盛区集星农产品有限公司——一家生产山药面条的企业。该企业很感兴趣，当即决定投入1.6万元，在20万只鸡蛋上做广告试一试。

好事多磨，原来谈好的超市因没有出售这种山药面，不愿这种广告鸡蛋在超市出现，第一批广告蛋进超市的计划流产。李朝利和张春春只得从养殖场买来鸡蛋，贴上广告后批发给农贸市场。没想到，许多农贸市场反映，这种鸡蛋比一般鸡蛋好卖。

据李朝利介绍，进超市是她们最终的目标。目前她们已和另几家超市谈妥，预计国庆期间，首批广告蛋就会入驻超市。

市场反响：相信很有前景

虽然市民觉得很稀奇，商家也愿卖，但广告客户反映如何？

昨日，鸡蛋广告的客户、万盛区集星农产品有限公司总经理李来告诉记者，在鸡蛋上做广告，顾客买的时候会看，从冰箱里拿进拿出时会看，吃一次就会看一次。花1.6万元在20万只鸡蛋上做广告，至少可以让20万人次看到。“小投入大回报，我觉得值！”

李来说，这种方式新颖，虽然目前广告效果还未体现出来，但相信会有效果，以后还会考虑继续尝试。

李朝利说，目前，每只鸡蛋广告费定在8分钱，给超市的补贴为每只1.2～1.5分，不干胶成本每张1.5分，养殖场将不干胶贴上鸡蛋的人工费为每只2分，剩下的毛利在每只鸡蛋3分钱左右。

“收费8分，成本5分，毛利3分，毛利率为40%左右。”有市民认为，鸡蛋广告投入极少，毛利率能达到这种比例，很有“钱景”。

数据点评：这种广告很划算

鸡蛋广告是否有前景？其中的投入产出比是怎样的？我们可以从以下的数据分析中找到答案。

用鸡蛋做广告，1.6万元投入有效率可达到20万人次。同样的这笔钱，投入公交电视广告，每天播6次，一次10秒钟，可播20天，以每辆公交车每次30人看到计算，总共不过3600人次。

传单广告，黑白传单每张1角钱，加上发放传单工钱每人每天50元，平均每人每天发300张，1.6万元只能发放6万张传单。户外广告，一般来说起步价以10万元计，1.6万元根本做不成。

除了价格优势，鸡蛋广告还有个最大的优势就是直接对准目标人群，有效率极高。每个广告主都希望自己的产品信息能够准确地传播到目标顾客处，而鸡蛋广告正好满足了这一点。

总体而言，这个广告创意还是一个初创时期，今后能够走多远，还需要更多的实战才能知晓。但是我们从案例中已经看出，新传播媒介的寻找，是我们进行营销时必须面对的问题。

第八节 寄生营销1.0版总结

寄生营销这个概念是我在一次参加王紫杰老师的超魔力网络营销培训的课程中，受王老师“病毒营销”这个名词启发而来的。回来后我就研究了相关的营销案例和学习了相关知识。

（图片来源：http://www.hudong.com）

于是我深受启发，发现了一个重要的传播载体，那就是新闻事件。其实，病毒营销在互联网形成之前就存在了，只不过以前叫事件营销或者新闻营销。

与新闻营销不同的是，寄

生营销更讲究借力，不提倡创造新闻事件，擅长借助现有的新闻事件，通过相关性嵌入的方法来实现寄生的目的。

在以上寄生营销1.0版的所有案例中，我们都可以发现这一版本的营销策划流程，基本上都要借助一定的物件或商家作为产品或服务的媒介。如果借力的对象是物品，那么其中最重要的一个核心点是这个借力物品对受众是有用的，“闪电快餐”策划中的鼠标垫、便笺纸就是电子商城众多顾客需要用到的产品之一。如果借力的对象是其他商家，那么你的合作方案是对媒介商家有利的。无论是李宁鞋的清货还是疗养店的宣传，案例中的当事人所做的事都对第三方有利。

我之所以强调这一点，主要是与我个人的价值观有密切关联。我始终认为，凡是对别人有利的东西，都对自己有利。因此当我们主动付出一定成本的同时，我们必然也会在后续的经营中获得相应的利益。其中需要做的就是对整个流程有个整体的把握，并懂得寻找适当的合作者。

这个版本关注的重点媒介主要是物，无论是通过物件来传播产品信息，还是通过物件来寻找合作者，我们都必须明白对对方有利的原则。只有做到这一点，我们的后续营销行为才会有可持续的空间。

寄生营销1.0版是寄生营销的最初级版本，因此简单易学，流程容易设计，不过也存在一个致命的弱点，那就是容易被竞争对手抄袭。通过前面“闪电快餐”的例子，我们就可以看出市场竞争的压力所在。

如果想要在市场中立于不败之地，就必须不断地更新自己的营销流程，在具体的实践中优化。其中的一个重要方面就是尽量隐藏自己的营销方式，让竞争对手不易发现你的优势。这将是以下几个版本的目标之一。

第三章

寄生营销2.0版案例

相对于寄生营销1.0版比较注重对相关物品的应用而达到营销目的的做法不同，寄生营销2.0版将设计重点放到事件上，通过事件的吸引力来提高自己的产品/服务的知名度，从而提高业绩。

第一节　“5·12”餐厅营销策划

几年前的“5·12”汶川大地震，是一件轰动全球的重大灾难事件。我们有数万同胞在灾难中罹难。面对这个重大的新闻事件，我们不仅对罹难同胞致以沉重的哀悼，更想尽自己的一份绵薄之力给灾区同胞提供帮助。于是就有了下面这个餐厅营销策划。

2008年5月12日四川汶川发生大地震时，我有一个学生在都江堰开店。我们在电视上看到新闻后，就很担心他的安危，于是从下午5点一直打电话联系他，但都联系不上。其间我们发了上百条短信，他也没有回复。直到13日晚上我们才收到一个陌生的电话号码发来的短信：“店没了，人没事。”

就在收到这个短信的同时，我收到了一个告急电话，是一个开餐厅的朋友打来的，说生意不好，开业都快一年了，营业额一直都不理想，最近营业额还在下降，可能不久就要关门了。

我问他：“你的顾客回头率高不高？”

他说："很高，现在基本上都是老客户来消费，不过营业额很不稳定。"

"说明你的菜式没有问题，就是知道的人太少。"

"是啊，是啊，是啊！"

"你有没有做宣传？"

"想做，就是不知道怎么做啊！"

"你知道四川地震吗？"

"知道，天天盯着电视，现在大家都在关注。"

"你是不是也打算尽一份力，捐助点钱和赞助些物品？"

"是啊，我老婆上午还转账了100元钱去红十字会呢。"

"好，你听着，我把操作步骤讲一遍。"

你先在店门口用白底红字做一条尽量大的横幅："吃一锅粥，捐一份爱。"

然后用白底黑字做一条横幅："用行动来悼念地震死难同胞。"

随后安排三个员工穿上白色T恤，举着横幅走街。接着，再写一条横幅："消费满100元就用你的名义为你捐10元给灾区同胞。"

不管大街小巷，先走第一条，再走第二条，前后间隔3～5分钟。

重点是：在白色T恤上印上你的店铺名称。

他的行动力超强，当天就按我说的安排好了，第二天晚餐时顾客就爆满了。

很多人有些疑惑，到服务台登记名字和电话的时候老问：捐款打到哪里去啊？会不会真的捐啊？有什么捐款依据可以提供吗？等等。

我了解了情况后，就给他出了一个主意：

你在店面外面做一个很大的公示栏，上面就按照金额的大小罗列捐款金额、捐款名称。把红十字会的捐款账号和联系电话用显眼的颜色标注在公示栏上。排名前十位的可以另外设置一个醒目的展示区。如果有位置，就写上：请按照以上账号直接捐款。

每天把捐款的转账单贴在1.6米高的地方。

同时，用横幅走街的方法，再走第四条横幅——今天捐款第一名：XXX。

公示栏实施后，每天都有很多顾客在埋单时要求不用找零钱，也有一些多给一两百元的，都一致要求帮忙捐给灾区。每天都收集了好多客户名单，把老板忙得不亦乐乎。

因为这件事造成了很大的影响，还受到了当地电视台的关注及报道。

后来，这个老板还和民政局一起组织了一次捐衣捐被的活动。那些天店门前的衣被堆积如山。电视台连续报道了整个过程。

（图片来源：http://www.xkb.com.cn）

☆案例总结：

通过寄生在“5・12”汶川大地震这件大事上，我的这个朋友的生意开始好转了。和以往对新闻事件的有害寄生营销方法不同，我们遵循的是有利寄生的原则。我的朋友通过主动承担起帮顾客捐款给灾区的形式，既做活了生意，又为灾区人民尽了绵薄之力，实在是一举两得的事。

这是寄生营销2.0版的一个标准模式。我想运用的就是事件本身所带来的高关注度，借助众多的顾客流量来提高销量。其中需要注意的就是事件本身如何与自己经营的产品或服务进行对接的问题。

第二节 粥店的乌龟营销术

前文已经提到，寄生营销不提倡制造新闻事件来进行营销策划，但在一些比较小的市场，我们可以尝试通过制造一些新奇的事件来达到吸引顾客的目光的目的。

以下这个策划是我在开店创业培训课程中讲的实战策划，有几个学员采用了之后，效果都比较明显。其中用得最好的是湖北的一名学员。这个策划的方法其实很简单，就是制造一个可以快速传播的事件。

首先，在店里养一只15～20千克的陆生麒麟龟，并保证这只龟是这个城市有史以来最大的一只乌龟。只要看见它的人，基本上都是第一次见到这么大的乌龟，以此来激发顾客的好奇心。保证顾客在吃过粥之后，回到公司里、单位里、家里都会把见到麒麟龟的情况讲给周遭的每一个人听。

（图片来源：由张健林先生提供）

在讲述的过程中，顾客一定会讲到粥和粥店的名称、地址。这样，每一个顾客都自动帮粥铺把信息传播出去了。而且，听到的人都想亲自来看看传说中的麒麟龟，这样就会吸引来更大的人流量。一般而言，大部分人都不会只看一眼乌龟就走的，因此来看麒麟龟的很多人都会成为喝粥的顾客。过了一段时间之后，当人们对看麒麟龟不再好奇时，店主就可以在店门口拉一条横幅：“80岁的麒麟龟，仅售2万元。”

这又是一个新的事件，会在当地掀起一阵口碑传播的高潮。如果你担心麒麟龟会被买走，也可以报价5万元，或者10万元。再过一段时间，再做一条横幅：2万元一锅天下第一粥，先到先得，先点后煲。

找三个人举着这条横幅去走街。然后，找一个朋友帮你打个电视台的爆料电话。记者一定会来，采访拍照之后上新闻，这个信息就通过电视台免费传播出去了。切记，这个策划只能在小城市里使用，城市越小，效果越好。

通过制造连环的事件，让周围的顾客对粥店保持着一定的关注度，这样，我们就可以通过一个事件的运作而达到提高粥店生意的效果。经过一段时间的运作，粥店一般就会在一定范围内成为人们消费习惯的重要部分。

☆案例总结：

通过乌龟来为粥店扩大知名度，是这个案例的核心点。其背后的逻辑就是充分调动顾客的好奇心，通过制造一件可以吸引更多顾客的事件，来为店面增加更多顾客。

与前一个案例不同的是，这个案例更加突出当事人本身的主动性。整个营销流程的效果，一直都是店主主动制造的。通过前后几个环节的配合，可以让一定范围内的顾客持续关注店铺动态，无形中培养了一个相对固定的顾客群。这就是借力方法的一种体现。

第三节 被称为营销广告鼻祖的新闻事件

新闻事件成为产品或服务信息传播的一种媒介已有100多年的历史。早在1783年，一个名叫保罗·朱利叶斯的英国犹太人，为把自己的马口铁卖出去，突发“怪想”，手写了60张推销马口铁的“宣传纸”，贴在伦敦一条大街的30根街灯柱子上。

由于这一举动，朱利叶斯被认为是创造了历史上第一张广告的人。但朱利叶斯却为他的创意付出了巨大的代价：就在“怪想”实施的第三天，愤怒的同行冲击了朱利叶斯位于伦敦郊区的工厂，并放火将堆放马口铁的仓库烧毁。不幸的朱利叶斯在火灾中死去，成为轰动一时的“马口铁事件”的殉难者。

200多年后，创办了世界上第一家新闻事件策划公司的英国人爱德华·劳埃德，非常独特地评价了这一事件。他说：“保罗·朱利叶斯没有失败，虽然他把性命和工厂都搭上了，但从推销马口铁这一点上来说，保罗恰恰是成功的。他死后，几乎整个欧洲都了解和熟悉了马口铁，知道了马口铁的作用和价值。60张广告招贴算不了什么，至多只能为保罗多招徕几位买主，而保罗·朱利叶斯的死和工厂被封、仓库被烧毁等这些新闻事件，才是真正的最有效的广告，否则，马口铁不可能如此迅捷地被整个欧洲所接受。”

确实，不管保罗·朱利叶斯是有意还是无意，他制造的新闻事件，成功地让一种产品畅销欧洲大陆。“马口铁事件”可说是营销史上的第一个病毒营销的经典案例。

在这一事件中，朱利叶斯突发“怪想”手写的60张推销马口铁的“宣传纸”，被认为是历史上的第一张营销广告，而朱利叶斯也被一些人奉为广告行业的开山鼻祖。

所以爱德华·劳埃德认为，“马口铁事件”不仅仅只是一次广告宣传，实际上还蕴涵了一个更具传奇色彩的新闻营销。所以，这一事件非常有助于让我们看出广告和新闻到底有哪些不同。

1. **传播方式不同：**前面保罗·朱利叶斯在30根街灯柱子上张贴的60张宣传自己生产的马口铁的纸张，是广告；而后面朱利叶斯的死、工厂遭冲击和仓库被烧毁等事件，则是新闻。

2. **传播费用有异：**广告的传播需要投入，保罗·朱利叶斯的投入是60张纸、书写的墨水、粘贴的胶水和耗费的时间；新闻营销在理论上甚至不需要投入，新闻是根据事件的重要性和有趣程度进行传播的。在这一事件里，有关朱利叶斯和马口铁的传播都是免费的。

3. **传播范围不一：**投入费用的多少，决定了广告覆盖范围的大小，由于朱利叶斯只书写了60张“宣传纸”，因此只能覆盖一条街的30根街灯柱子；而随后的新闻传播并没有任何费用的投入，但因这一新闻事件具有很强的新奇性，使得这个与马口铁有关的事件迅速传遍了整个欧洲。

4. **传播效果迥异：**广告只能影响看到“宣传纸”的少数人，而新闻则影响了整个欧洲的人。

5. **传播受众有别：**广告只对那些要使用马口铁的人产生有效记忆，而新闻使所有人都产生了深刻印象。

第四节　病毒营销倡导者的借力策划

在20世纪80年代，一个名为爱德华·.劳埃德的英国人，在德国莱比锡以制造了“马口铁事件”的犹太人保罗·朱利叶斯的名字，创办了世界上第一家新闻事件策划公司。

在爱德华·劳埃德看来，在这个麻木的世界上，再没有比“新闻事件”更能够神速有效地推销“信息”了。一次“车祸”，一场“诈骗”，一起“纠纷”，甚至自然界的每一种天灾人祸，都是可被借来进行宣传推广活动的。

正是基于这种“谬论”，劳埃德成立了奇特的“保罗·朱利叶斯公司”，专业设计和制造任何有利商品促销和名人包装的“事件”。

公司不承揽书面、画面、招牌广告，也不接受电视、广播类广告业务，也就是说，公司为客户设计的每一个广告，都必须是一次具有可操作的、能够震动社会的“新闻事件”。

公司成立的当年，最重要的无疑是推销自己的公司了。公司为此悬赏，只要是公司的员工，谁能想出直接有效的推销手段，谁就能问鼎副总裁宝座。

（图片来源：http://www.a.com.cn）

当时，几乎所有的公司职员也都在暗暗关注着自己的“头”，看他有什么能耐可以将公司在短期内包装好并推销出去。

结果最后还是爱德华·劳埃德自己发挥了才华：当时劳埃德没有花一分钱为公司做广告，他仅派自己的副手冒充保罗·朱利叶斯的后裔到法院去告了公司一状，控告“保罗·.朱利叶斯公司”侵犯了他家族的名誉权。

作为公司的创建人，劳埃德被传上了法庭。他风度翩翩、彬彬有

（图片来源：http://www.a.com.cn）

礼，法庭成了他阐述公司宗旨、业务特点、性质的新闻发布会现场，成了他讲解新闻事件策划理论的课堂。

期间，他还接受三家电视台的采访，表示了自己对保罗·.朱利叶斯家族的尊敬和爱戴，决心继承和发扬保罗·朱利叶斯的商业精神。采访实况在黄金时间滚动式播出，用劳埃德自己的话说，这些都是免费的，也是合法的。

法院结案时，劳埃德主动要求承担所有的诉讼费用，包括“原告”的旅行和食宿费用，并付给“原告”200万马克的署名权。

就这样，官司了结了，劳埃德和他的公司成了这一年度莱比锡最受关注的新闻和话题。当他的副手将“赢得”的200万马克送还给他时，他实际上为推销自己的公司，只花了6000马克的诉讼费，只相当于当时电视台黄金时间2秒钟的广告费用。这一策划后来被许多人认为是世界上最成功、最有效、最省钱的一次经典的“广告”。

☆案例总结：

用6000马克换来巨大的传播量，证明了劳埃德及其团队强大的策划能力。通过制造新闻的方式来为自己的公司和产品做宣传，这是寄生营销的一种重要途径。这种做法很好地利用了公众的好奇心，将自己的业务寄生到新闻报道中，从而无形中达成了信息植入。

不过这样的做法也是有巨大风险的，如果信息掌握不完全，真的遇到朱利叶斯的后代，那后果将是无法想象的。

第五节　搬家也能营销

1991年8月的一天，东京银座大街上彩旗飞扬、人头攒动，引得行人驻足、翘首观望，日本各家大报、电台、电视台纷纷报道。原来，这是日本的一家大公司在搬家，从银座搬迁去筑地。

公司总经理率领公司上下2000多名职工，浩浩荡荡列队向公司新址徒步前进！彩旗上写着两行大字：“多谢银座各界人士过去给予的关照！”“欢迎筑地各界人士今后多多赐教！”短短两句话，把公司从何处来，搬往何处说得明明白白，既为公司做了广告，又不违反广告法，还不用花多少钱。

这一典型的“新闻策划事件”，就出自劳埃德之手，因为这家公司的经理小泽田雄是他的朋友。事后小泽田雄偷偷划了150万美元到保罗·朱利叶斯公司，以示谢意。劳埃德得知后，一反常态，没有将钱退还给他，而是在该年的秋天，在不莱梅组织了一场以小泽田雄公司为名义的、有5000人参加的破吉尼斯纪录的集体踢踏舞会，打破了由美国麦锡公司保持了5年的由4200人参加的纪录。

（图片来源：http://www.tobaccochina.com.cn）

该消息通过卫星电视和广播传播全球，使一次单纯的广告活动成为世人瞩目的全球新闻，也使远在日本的小泽田雄公司，不费分文，就做了一次只有耗费巨资才可能做成的全球性宣传。

当然，保罗·朱利叶斯公司另外还策划出了许多成功的“新闻事件”，包括历时3年的MBS产品名誉权官司、20万人抗议法国土豆入境的游行和为百事可乐公司设计的1991年全球百位歌星为世界未来义唱活动，等等。

他策划的每一个事件，都被新闻媒体广泛报道，从而为客户带来了巨大的知名度和商业利益。

当爱德华·劳埃德73岁的时候，有人问他下一个举世震惊的奇妙策划是什么时，他回答说：“那当然是我的葬礼，那是进行广告宣传的最好时机。”

实际上，他的这个创意已经被中国著名导演冯小刚借用了。冯小刚在电影《大腕》里，就描述了一个“充满财富的葬礼”。

寄生营销2.0版总结

新闻营销（病毒营销）需要满足“新、奇、特”的要素，因为人性崇尚对新生事物的好奇心，所以才会产生口口相传的行为动力。

（图片来源：http://www.163.com）

这一点，是寄生营销学判断事件寄生媒介的关键点。寄生营销2.0版，强调发现可以快速传播的事件，立刻思考相关性和营销目标，并且立刻设计寄生的操作流程。

寄生营销和病毒营销的差异就在于病毒营销是主动创造新闻事件，而寄生营销倡导以遇到的新闻事件作为寄生媒介，因而不提倡创造新闻，而是提倡借力营销。

寄生营销在多年的实战过程中，不断地简化设计思路，并逐渐形成了初步的思维模式。我始终觉得寄生营销还有提升的空间，但是却一直苦于找不到升级的思路。

（图片来源：http://www.163.com）

有一次，我和老婆孩子去大岭山森林公园春游。每次去大岭山，我家夫人都会去山中小寺庙里拜拜菩萨。我一般都会随她一起进去，接受一下佛光的普照。夫人带着我家的两个小家伙去给各位菩萨上香，我则到处看看，顺便参观参观。

无意中逛到一处放满书籍的地方，我发现了这座寺庙一个与众不同的地方：书架上的书籍和光碟可以随意取走，不需要付一分钱，只是旁边放了一个功德箱。

我平时就喜欢看各种书籍，只是因为看不懂佛经，所以也就从未购买过佛学方面的书籍，当然也没有看过这么多佛教的书。我想反正也不用花钱，占便宜的天性让我抱了一堆佛教书籍和几张光盘回来。

因为实在看不懂佛经，只好先从几本白话版的书籍开始看。第一本就是《了凡四训》，接着还看了净空老法师的《和谐拯救危机》光盘以及《弟子规》。这些书籍和光盘让我对佛教的因果论有了更深入的感悟。

（图片来源：http://image.baidu.com）

廖衍明老师

虽然以前就知道“种瓜得瓜，种豆得豆”的道理，也知道一点辩证的常识，但这些都只是停留在表面了解的层面。

自从接受因果论的思想以后，我开始下意识地把这种价值观应用到我多年研究的寄生营销的理论架构上来。最后我得出一种感悟："凡是对别人有帮助，就会对自己有帮助；凡是对别人有利的，就会对自己有利。"按照因果论的说法就是"种利得利"。从此，这种感悟奠定了寄生营销学的思想原点，而且开创了寄生营销学的寄生营销3.0版。同时，我又把廖衍明老师的行为概念引入进来，让寄生营销3.0开始实现自动化传播的效果。

一般来说，人的活动有四个层面，即生活面、工作面、消费面和交际面。其中，寄生营销在生活面、工作面和消费面上都能得到很好的运用，唯有在交际面上，一直很难找到合适的解决方案。自从有了寄生营销3.0版，在交际面的寄生媒介终于找到了，那就是人。

通过交际圈中的人来传播你要传播的信息，并且用很强的行为动力来驱动寄生媒介，让他主动帮助你把信息传播给你的客户，最后设计好驱动客户的行为动力，让整个流程自动化完成。这就是寄生营销自动化传播的原理。

第四章

寄生营销的四大营销术

在以上两个版本的寄生营销策略研发过程中，我一直在努力从具体案例实践中整理出寄生营销所依据的基本原理，也就是最基本的思维原点。这个过程的变化与我在日常生活中遇到的人、事也有密切关联。

第一节　寄生营销最早的思维原点

我始终认为，价值观是指导所有行动的最核心原点。有怎样的价值取向，我们就会产生怎样的思维与行为模式。因此，我在研究寄生营销之时，一直把人的价值取向作为研究的重点。

行为的动力是利益

在我读初中的时候，学校增加了一门生物学的课程。在整个植物、动物、人体等名词概念的三年熏陶中，我逐渐建立了对自然认知的世界观，渐渐明白了动植物的行为模式，也开始理解了达尔文的进化论所阐述的适者生存的道理。

后来我明白，原来自然万物为了自身利益，适应环境变化的进化动力是如此伟大。为了生存，植物的根系一定会往水分和肥料丰富的地方生长。为了生存，动物一定会往食物丰富、气候适宜的地方迁徙。

人类几千年的文明史，就是一部战争的编年史。人类发动战争，不仅仅是为了生存下去，更是为了更高的利益需求。

所以，动植物的行为导向是生存，而人类的行为导向则是马斯洛的五大需求。这五大需求中的每一个需求都是从自己的利益出发。

随着对漫长人类历史的了解、对历史长河中众多的伟人的进一步解读，并对中国的佛教、道教的接触，特别是在近两年对佛教的碰撞中，我发现，神和佛的行为也一样以利益为导向。

（图片来源：http://www.fjdh.com）

只是，人和动植物的利益是从自身角度出发，而神和佛的利益正好和人与万物相反，是从对方的利益出发，从众生的利益出发。

自从有了这个解读之后，我似乎找到了寄生营销学的理论支撑点，也更加坚信了我的价值观和人生观，并最终步入了培训的行业。

我希望尽我微薄之力，帮助更多的创业者和小企业的经营者。希望更多人能够应用寄生营销学研发出来的成果，让大家在创业的道路上，成为你强有力的支撑点。哪怕只是成为一根拐杖，在你翻山越岭的创业过程中，能尽我绵薄之力，也会令我倍感欣慰。

利益放在行为之前是解决驱动行为的最佳途径

自从有了行为的动力是利益的观念之后，我开始反观20多年来所走过的路。纵观周遭人们的行为，无一不是以利益为导向，以自身为原点的，正所谓“无往不利”。

我是一个习惯反向思维的人，因此常常会思考这样的一种普遍现象能否被我们更好地利用。所以我在课堂上会注意教学员将人们顺势思考的东西，直接反过来思考，这样就很容易找到解决方案。既然人的行为动力是利益，那么把利益放在行为之前就是解决驱动人们行为的最佳途径。

只要你是你周遭唯一一个不以利益为导向的人，你就立刻消除了所有的成功障碍。你想要的任何结果都会自然得到，不需要你刻意努力，只需要你转换思维模式，最终改变行为模式，结果只不过是你有利于他人之后所得来的回报而已。

如果我们假设市场就是一头牛，你希望牛按照你的意图，去到你要它去的地点。其中一种方法就是，站在牛的屁股后面，用力推它去，这种方法我们称之为推销。因为牛不习惯被推，所以常常发飙，把推它的人踢伤，即使不踢伤，你也很难让它挪动半步。因此，如果你是用推销的方法做市场，你就要理解牛的行为：它并非不愿前行，而是没看到前方的嫩草在何处。

（图片来源：http://www.nipic.com）

另外一种比较省力的方法是站在牛的前面，用绳子牵它去，我们称之为营销。可是你想过没有，如果是你熟悉的牛，你牵它肯定没有问题，但你不可能熟悉每一头牛。和你不熟的牛，你牵它，它不一定愿意跟你走，结果也是事倍功半。

面对市场这头我们不怎么熟悉的“牛”，我们寄生营销的方法是，在目的地放一堆鲜嫩的青草，让牛看到后自己走过去。不管你和牛熟不熟，牛都会愿意去。这个方法，我们将之总结如下：

寄生营销学倡导把利益放在行为之前，用利益（鲜嫩的青草）去吸引市场（牛），让市场（牛）自己心甘情愿去。我们称之为吸引力营销，简称引销。

这就是利益前置理论在营销中的运用，是寄生营销和其他营销的最大不同之处。无论是前面所讲的寄生营销1.0和寄生营销2.0两个版本，还是后面即将谈到的寄生营销3.0和寄生营销4.0两个版本，这种利益前置的概念都是我们坚持的核心点。

任何结果都来源于行为

有了利益的取向，我们还需要有相应的行为才能达到我们想要的结果。在一定价值观导向下的行为模式，是促使我们直接走向成功的要素。我们每一个人都希望得到自己想要的成功结果，但是，大家仔细想一想，成功的结果到底是怎样生成的？

是观念？是思想？是思路？还是方法？

这些要素都是成功所必需的，但是任何成功的产生都直接源于正确的行为，而任何正确的行为都来源于正确的方法。正确的方法源于正确的思路，正确的思路来源于正确的思想，所有的思想都是建立在世界观、人生观、价值观的基础之上的。

结果和行为有直接的关系，所以行为是解决问题、得到结果的最佳捷径。结果和方法、思路、思想、观念都是间接关系。思想观念和结果离得越远，转化的行为成本就越高，转化的难度也就越高。

结果是改变观念的捷径

古人云：江山易改，本性难移。讲的就是一个人的观念是很难改变的。观念是在成长的过程中逐渐形成的，是环境长期刺激下的产物。要改变观念，谈何容易。

可是我发现事实并不一定如此。常言道：耳听为虚，眼见为实。这句话阐述的就是结果瞬间改变观念的事实。其实，我们用眼睛看到的不一定是事实，只是人们已经习惯了用眼睛去判断对错。在多年的培训工作中，我发现学员学习的过程中，有三个层次、三种感觉。

第一种：感觉讲得很有道理。有这种感觉的学员，基本上只是停留在似懂非懂的层次中，学不到什么实用的方法，也就没办法在课程里学到什么。

第二种：很佩服老师的水平。有这种感觉的学员，说明他听懂了，有了深刻体会，学到了有用的知识。因为有获得，钦佩之情油然而生。

第三种：很感激老师的付出。有这种感觉的学员，说明学到了可以实用的方法或者掌握了实战的技术。特别是在实际实操后，得到了具体的结果。感激之情，发自内心。

余建中老师

我们一直努力让课程更加简单实用，争取让每一个学员都可以掌握一门实战的营销技术。只要我们可以保证每个学员都得到结果，就可以改变大家对培训没有什么效果的固有观念。

我们所具有的观念是自小受到各种环境因素影响而逐渐形成的。在此过程中，我们会根据不同事情的结果来重新调整、建构自身的认知。一件关键事情的成败，在很大程度上决定了我们的认知。从以上案例我们可以看出，事情的结果可以成为改变观念的捷径。只要我们保证结果能够改变，那么我们对自我的认知、对周遭世界的看法都将有所改变。

在参加余建中老师的讲师培训中，余老师讲了一句让我印象深刻的话："塑造自己被别人利用的价值，主动创造为别人服务的机会。"这句话让我受益终身。

在此之后，我与廖衍明老师有了较为深入的交流，在他的行为概念和工具概念的启发下，逐渐形成了行为成本、行为动力、行为指令、行为理由、行为障碍、行为差异、公众认知、成交力、转化力等这些构建寄生营销学理论架构的关键性要素。

观念的改变与确认加上概念的强化，让我对寄生营销有了更多的思考取向。这也是寄生营销从以上两个版本往前推演的重要支撑，从而有了寄生营销3.0版和寄生营销4.0版。而这些观念在营销中的应用，可以在以下几个营销术中体现出来。

第二节 寄生营销四大神奇战术

随着研究的深入，基于对人性的深入解读，在寄生营销学的理论架构下，我又设计出简洁而特别实战的四大营销战术。这四个战术是寄生营销3.0版的直接体现。

赠品营销术

在日常的经济生活中，赠品营销是我们随处可见的一种销售行为。但是，我们对赠品营销的定位与认知往往有偏差，因而效果平平。我们知道，一般人都不会觉得免费赠送的东西会产生多大的价值。赠品营销效果不甚明显的一大原因不是这个方法本身有问题，而是我们没有抓住顾客消费心理的变化。

赠品营销之所以能长期产生效应，关键在于其价值可以让顾客感觉到占便宜。占便宜心理是绝大多数人所具有的一种心理特征。

我们想让顾客产生占便宜的心理，就必须在赠品的价值上进行重新塑造。

基于这样的认知，寄生营销将赠品营销术分为售前赠品和售后赠品。售前赠品的主要功能是：

A. 促进成交。

B. 应付讲价。

我们之所以对售前赠品感觉到价值，主要原因在于资讯的不平等，顾客和商人对赠品价值的判断不一。例如，如果我们买一个杯子作为赠品，进货价是5元，而市场价可能是20元，这样就会让顾客感觉到赠品的价值所在。

在售前赠品的赠送过程中，有一个问题我们必须注意，就是对方跟我们砍价的时候，我们才提出赠送赠品。这样才能让对方感觉到赠品的价值，而不是感觉赠品是免费品，没有多少价值。

售后赠品的主要功能是提高顾客的满意度。当与顾客成交之后，如果能在产品原有价值基础上送一些赠品，会很容易让对方有物超所值的感觉。这样就可以提高顾客的满意度，不仅有可能提高重复消费的概率，还会形成口碑宣传，实现信息的自动化传播。

拒绝营销术

所谓拒绝营销术，就是依据产品本身的一些瑕疵来对顾客提出拒绝成交，然后通过销售漏斗的设计来达成最终的成交。我们之所以设计这个营销术，主要是根据人的心理特性，通过拒绝的方式，让对方感觉到我们真正关心对方的诉求，以此达到两个重要目标：

A. 转移顾客在成交的瞬间心理，把要不要买的犹豫思维，转换到买不买的思维层面上。

B. 快速建立信任度。

拒绝营销术主要是借助人性的差异心理来完成成交过程，其重点是漏洞设计，也就是你所提出的拒绝理由，一定要有一个让对方可以接受的成交方案来促成销售。其中要遵循两个原则：一是遵循一般人的认知基础，在拒绝理由的基础上提出可以接受的方案；二是要尽量体现出你的专业性与帮助对方更好选择的姿态，降低对方的抗拒心理。

退货营销术

退货营销术是针对已经成交的产品进行的一种营销策略。我们通过设计一个理由，主动让已经成交的顾客将货物退回，让对方感觉到我们的用心程度。退货营销术的目的是快速建立忠诚度，激发顾客转介绍。顾客的认知和同行业行为是退货营销术的思考重点。

我们要研究运用怎样的理由才能让顾客退货，才能让顾客感觉到我们的真诚。而且在找到这个理由之后，你在与顾客具体商谈之时，要确保退货的钱首先交到顾客手中，然后再让顾客去挑选其他货品。

我以前在设计这个营销术的时候，主要是针对服装行业进行的，当时的一位学员运用之后效果明显。这更增强了我的信心，在忠诚度的打造上，目前没有发现比这种方法更简单快速的了。

名片营销术

名片是大家都会用到的一种营销工具，却很少有人能够用得好。名片营销术的主要目标是做人脉营销，是自动化营销的典范。这个营销技术的重点是借助名片传播自己的信息。名片营销术分成两种方式：

A. 自己的名片。

B. 别人的名片。

这个方法的使用技巧是：

首先设计一句可以识别你的目标客户的话和一句可以表达你能给目标客户带来什么利益的话。

这两句话必须要很好理解，最好是大白话，也可以把你的一句不可抗拒的成交主张放在名片上。或者，用一句话描述你的独特卖点，例如我之前的名片如下：

（图片来源：由张健林先生提供）

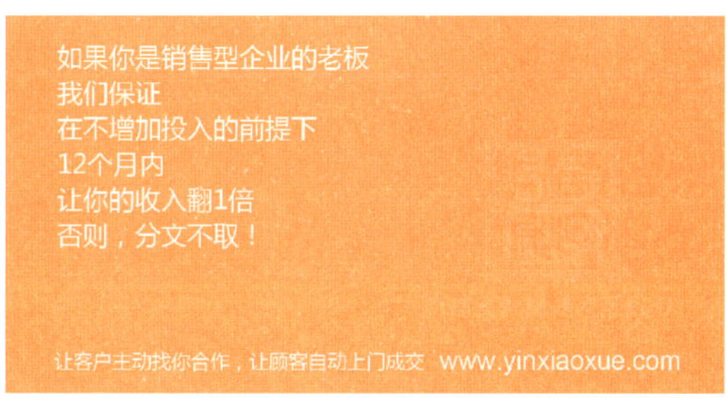

（图片来源：由张健林先生提供）

我们可以把设计好的话放到自己的名片上，也可以放到别人的名片上。如果你把这样一句话写在别人的名片上，你的客户看到这句话就一定会找你。那么，你这句话就设计对了。

我个人的经验告诉我，这句话值得你最少花三个月的时间去思考和优化。当你主动为别人制作名片服务，而只是将自己的这句话放到上面去之时，三个月以后，你就拥有了一个属于自己的自动化传播系统了。如果你真的希望你的客户会自动找上门来，我建议你，从此刻开始思考。

由于名片营销术是寄生营销自动化信息传播的重要方法，我们将在后文详细介绍这个营销术背后的原理以及更加具体的设计流程。

以上这四大营销战术都简单易学，容易操作，成本低，效果好，实战性强，自动化程度高，行业适应性强，基本上任何行业都可以适用。这几大营销术是寄生营销3.0版的具体运用。以下就是这个版本的寄生营销理论的应用。

第五章

寄生营销3.0版案例

寄生营销3.0版的核心点是通过设计一个行为动力来让你的信息传播媒介主动帮你传播产品或服务信息。这是寄生营销借力策略的一个重要方面。以下提及的名片营销，就是这种借力方案的实战。

第一节 美容美发店的名片营销策划

这个策划咨询案例是在比较短的时间内策划出来的。事情是这样的，我在没有打算做寄生营销的培训之前，做过一段时间的免费培训测试，主要是配合王紫杰老师参加北京峰会招生开的一个人脉创富培训班。

当时的情况是，凡是在王紫杰老师处报名参加北京峰会的学员，都可以免费参加我的人脉创富培训班。我在YY（语音网络课堂）上，讲了一个多月的有关人脉创富的课程。

有一个之前学过刘克亚老师的克亚营销的学员，想用学到的营销知识在北京专门做美容美发店的营销策划，但苦于找不到客户。有一天，他在网上跟我提到这件事，希望我可以帮他解决这个困惑。

我问他："假如我就是一个美容美发店的老板，你告诉我，我选择你帮我作策划，会有什么样的结果？"

他想了想就说："我可以保证你的营业额增加。"

我接着问："最低可以增加多少？"

"最低可以达到70%～80%，甚至更多。"

"需要多长时间？"

"最长不会超过2个月。"

"那我需要投资多少钱呢？"

"不到2000元。"

"那好，你的独特卖点总结出来了。我们可以总结如下：'如果你是一家美容美发店的老板，你只需要花2000元，在2个月内我就可以让营业额增加70%！'你觉得这句话如何？是不是可以让看到或者听到这句话的美容美发店的老板立刻想打电话给你？"

“哇，真的很有驱动力啊！”

“那你还有什么问题吗？”

“毛老师，问题还没有解决啊，我如何让我的客户听到这句话？”

“这个简单，我们继续分析一下。美容美发店的老板和哪些人接触频繁？”

“顾客和员工。”

“顾客和员工不太合适。”

“还有吗？”

“其他店铺的老板。”

“也不好，你觉得美容美发用品供应商的业务员怎么样？”

“对啊，业务员或者送货员都可以每天接触很多的美容美发店的老板。”

“好，目标找到了。”

“毛老师，我是不是可以找业务员帮我传那句话？我给他提成都可以。”

“你打算给多少？”

“最少500元，我做一单收5000～8000元。”

根据他的回答，我在脑海中初步找到了可以与他合作的媒介，并明白可以为对方提供的条件，于是将整个合作流程告诉他：

你找到美容美发用品供应商的业务员，把你的银行卡拿出来。

告诉他，你会帮他做10盒跟银行卡一样的名片，条件是需要在名片的背面印一句话，问他行不行。

并且告诉他，他的名片带来的生意，只要成功一个，就分500元给他。

只要他同意了，你就把那句话印在名片背面。告诉他，只要有老板问，就直接把你的电话号码给老板。

这个策划在不到20分钟内就完成了，只是不知道他后来真正用上了没有，否则可以作个见证。

☆案例总结：

这个案例是我在进行寄生营销培训之前作出的，也是后来寄生营销名片营销术的一个模板。在这个案例中，有两个关键要素，那就是驱动力设计和目标媒介。所谓驱动力设计，就是要设计出一个让目标客户感到很有吸引力的结果描述，简单地说就是如何让对方感觉到我们可以为他带来价值。关于驱动力设计的基本方法，将会在第六章详细讨论，这里暂且不表。

案例的第二个要素就是一定要选准目标媒介。通过我和这位学员的谈话过程，我们可以知道，选取这个媒介的特征有以下两条：其一是对方一定是与你的目标客户有较频繁交往的人；其二是这个媒介与你的目标客户之间的交往也应是一种买卖关系。

比如我们要卖老年保健品，如果我们能够跟养老保险推销员搞合作，那我们的成功率估计就会提高，省去很多无用功。同样的道理，我们在选取合作对象的时候，都要确认合作方所能发挥的传播能量。

第二节　拒绝营销术的运用

服装店的拒绝营销策划

（图片来源：http://www.nipic.com）

一如前面所言，拒绝营销术的目的不是为了拒绝，而是成交。而且我们的目的是通过这个方法与顾客建立更好的信任度。以下这个服装店的拒绝营销术策划，是我为一个做服装零售的网友做的。这位网友之前在富民服装批发城做了十几年的服装生意，2009年后决定回韶关自己开店做服装零售。

回到韶关开设店面之后，她的生意一直不太理想。她利用闲暇时间为我绣了一幅精美的“马到成功”十字绣，同时也希望我能够为她支招。

既然接受了她的礼物，我不好意思不帮，于是教给她一招我研发的拒绝营销术。

我当时问她：“你想不想知道，只要你用一个简单的话术，就可以快速让你的顾客成交，并且，以后这个顾客还很愿意在你这里买衣服？”

她显得很惊讶：“是不是啊，有那么神奇吗？”

我看她不太相信，于是对她说：“你记住哦，我就说一遍。”

在卖衣服的过程中，你首先要制定好一个“拒绝”顾客的理由，一般是从衣服的一些无关紧要的缺陷上去找。只要看见顾客从试衣间出来，发现有什么地方可以找出一些缺点的，你就直接跟顾客说：“这件衣服我不能卖给你，它根本不适合你。因为……卖给你就浪费了。”“这边有一件，非常适合你的……你要的话，我可以送一双高级的袜子给你。”

讲完之后我就问她：“为什么要这样说，你明白了？”

她听了之后说：“明白，实在是高招，很妙。我怎么就想不到啊？”

我笑着跟她说：“我才刚研发出来呢，你是第一个徒弟。”

☆案例总结：

我之所以相信这个营销术可以立即见效，主要是因为它可以充分利用人们的内在消费心理。如果你显得比你的顾客更用心地分析和理解某件衣服的优缺点，那就会让对方瞬间感觉你是站在他的立场上考虑问题，而且显得你很负责任，让对方很容易信任你。

这个流程同样也有两个非常重要的关键点，一个是要时刻明白怎样的拒绝理由可以让对方觉得是真实、可以接受的；第二个就是你所寻找的这个缺陷，可以在第二件推荐的商品上找到补充点。试想一下，如果两件商品都具有同样的缺陷，那我们所推荐的产品就很难有说服力。

这个缺陷点的寻找，就是我们常说的销售漏斗的设计。我们用一个因素作为理由来拒绝与顾客成交，就必须找到一个让顾客能够接受的漏洞，让顾客进入我们的设计流程。当然，我们这样做，并非是宣扬商品本不存在的好处，而是我们坚信，只有以诚待人，你的生意才能越做越好。因此在寻找这个漏洞的时候，就要保证顾客能够体验到你所做的建议是对他原有认知的一个改善。

拒绝营销术让转化率达到100%

我很少教人拒绝营销术，因为我发现很多骗子就擅长用这招，我担心传播出去后会让更多人受害而不是获利。我们看到太多心术不正之人利用人性的弱点，来构建一个为我们着想的假象，随后通过自己提出的方案来行骗。因此在选取讲述对象的时候，我会异常谨慎。

第二个听我讲拒绝营销术的人是在YY上用营销案例讲课的刘超老师，我把拒绝营销术的关键设计要点都讲给他听了。他当时觉得我这个设计思路很容易让人产生信任感，因此决定回去试验。

在后来的一次课程中，他用我说的拒绝营销术，驱动现场36个学员报名参加一个500元的项目。他在课程结束后给我打电话说，当天的成交率达到100%。如此高的转换率不仅体现了这套营销术的切实可行，而且也体现了运用者本身所具有的超强执行力。而刘超老师正是我接触的人中，执行力和学习力都超级强的一个人。

☆案例总结：

拒绝营销术之所以能达到高效的转化速度，其核心就是前文所讲的能够帮商家与顾客快速建立信任度。在这个流程设计与运用的过程中，要求运用者本身具有非常清晰的思维。我们一旦抛出一个拒绝的理由，就必须很自然、很自信地找到第二个促成成交的理由，否则就会降低这个营销方法的转换率。

第三节 温泉蛋的后端策划

温泉蛋的案例发生在台湾。我有个朋友是台湾人（卓先生），我认识他有七八年了。

（图片来源：http://news.hexun.com）

有一次，他在我家里喝茶，跟我聊起他前段时间回台湾，去考察一个关于鸡蛋项目的事情。卓先生有个朋友，做生意失败了，欠下亲戚朋友2000多万新台币。亲朋好友都觉得他这辈子肯定没有翻身的机会了。

谁知道，他在不到一年的时间就还清了债务，而且仅仅是在一个旅游区卖煮鸡蛋而已。卓先生对此感到很讶异，于是就和一个深有同感的朋友开车去看看。他们到了那个风景区，老远就看见那家传说中的煮鸡蛋店，店门口的招牌上面有三个大大的字——温泉蛋，店门前排了很长的队伍。

卓先生当时心想，温泉蛋算是一个很好的噱头，因为当地就是以温泉出名。但问题是，有再好的噱头，鸡蛋也不可能有那么高的利润。于是两人带着更大的疑惑向温泉蛋店铺走去。走进店里就看到有一群人围着两张桌子，往前一看才知道原来大家在这里免费试吃鸡蛋。卓先生也吃了一瓣鸡蛋，觉得味道确实很好，非常入味。他事后说自己活了几十岁了，从来都没有吃过比温泉蛋更好吃的煮鸡蛋。当时他拿了一份温泉蛋的介绍，就打算去排队买一些回去给家人尝尝。

（图片来源：http://www.nipic.com）

快排到卓先生的时候，现场购买的疯狂程度才真的让卓先生大吃一惊。原来想，买十几个就差不多了，哪想到，大家买的数量都达到200多个。轮到卓先生的时候他才搞清楚，温泉蛋是用一个精美的礼盒装的，每盒20个。你只需要付钱，然后把地址留下就可以了。店家会按照地址在第二天帮你把鸡蛋送到府上。这招真绝，解决了人们的携带障碍，大大降低了行为成本。这让每天来这里旅游的几千名游客不仅不需要自己动手提，还可以购买一份很有价值又很实惠的礼品送给自己的亲朋好友和同事职员。

我听了这个案例，大叫："妙，真妙！"我们一边喝茶，一边分析温泉蛋的几个人性亮点。我同时也说出了我的借力追销策划方案：我们可以在每个装鸡蛋的礼盒里加一封简短的信。

XXX：

您好！如果您觉得我们的温泉蛋很适合您的口味，还想再次品尝这种美味的话，可以登录我们的网站：http://XXXXXXXX. 留下您的地址和电话就可以了。

或者，您也想让您的亲朋好友和您一样，品尝到这种美味，您只需要在网站上留下他们的地址，把货款……我们将会在第二天把您的心意送到您想送的那个他（她）的手上，让您的心意能够……

如果在每个礼盒里放上几张现金卡效果就更好。当然，文字还可以优化一下。

☆案例总结：

温泉蛋之所以取得成功，原因在于商家在保证品质与众不同的基础上，懂得利用温泉作为寄生对象，将自己的产品寄生在温泉旅游业上，这样就大大降低了成本。

与此同时，商家最成功的一点还在于，他们主动提供送货上门的服务，最大限度地降低了顾客的行为成本。而我在获知这个案例之后所产生的追销策划，也是基于人们想分享好礼物的天性。

蕴涵在这个策划背后的一个基本判断是，人都是需要被关心的。如果我们能用一份好的礼物来表达我们对朋友、对亲戚或者对顾客的关心，那么会对我们的人际交往或者营销有很大的帮助。通过为顾客提供送货上门的服务，不仅可以满足顾客表达关心的需求从而提高顾客的满意度，还能够扩大产品流通渠道，从而获得更大的市场。

第六章

驱动力设计

前面几章中，我们着重讨论了寄生营销三个版本的应用及其背后的一些基本逻辑。我们总的观点就是通过一定的媒介载体去传播我们的产品信息，让有需要的人自动成为我们的客户。

总体而言，寄生营销1.0版是借物，寄生营销2.0版是借事，寄生营销3.0版是借人，每个版本的借力媒介各有侧重。但是，如果我们要实现真正的营销自动化，降低我们的营销成本，就必须回到自身，对自己进行驱动力的设计，从而提高营销自动化的效率。

在此过程中，我们要处理的一个概念就是驱动力。我们只有设计出合理的驱动力，才有可能让传播媒介及信息传播受众产生即时需求，为打造自动化营销流程注入动力原点。

第一节 驱动力的奥妙

行为驱动力的思想主要来源于“一切行为的动力都是利益”这句话。那么，什么是利益呢？利益这两个字需要分开来理解：“利”代表的是具体的、实在的、当下的好处，“益”代表的是虚拟的、感觉的、将来的好处。

所谓驱动力设计，就是把别人想要的好处放在你想要别人作出的行为之前，也就是我们常说的“利益前置”。驱动力设计有一些技巧，站在寄生营销的理论基础之上，我们认为，好的驱动力是不花钱的，也就是说，不花钱的驱动力设计才是最强的驱动力。

（图片来源：http://www.zj123.com）

用钱作为驱动力是驱动力设计的一种误区，除非是某些特定的行业，这个行业某些特定的人已经习惯了收钱做事，那也是没有办法的事情。但是，大量的行业相关人士还没有这种习惯，你就有责任规避这种用钱作为驱动力的行为，有助于帮助社会形成良好的商业习惯，否则你就把这个行业给毁了。就像医生做手术要送红包一样，最终毁掉的是医生在人们心目中本来应该有的形象。寄生营销讲究种利得利，比较忌讳用钱去驱动别人。

比如我们在做寄生营销的好处描述上，用了两句话："让你的客户主动找你合作，让你的顾客自动上门成交。"

你想想，如果你是一个真想学习营销的人，看到这两句话，是不是也想进一步了解一下？我在我的名片上写了这样一句话："专业帮助创业型企业设计自动化营销系统。"

你感觉一下，如果你是一个正在为企业业绩发愁的企业主，是不是有兴趣打个电话来问问具体情况？比如我最近又印了一批名片，名片的背面就写了这样几句话：

如果你是一家靠销售来获利的企业，期望自己的业绩收入能快速翻一倍：

一、我们保证不增加投入；

二、我们保证12个月内实现；

三、我们保证目标不达就分文不取。

假如你是一个企业主或销售主管，正面临销量的问题，你看到这张名片后会有什么感觉？你想采取什么行动？我们用三句话表达了我们能够为目标客户带来的结果。只要是受众有这方面的需求，肯定会主动联系到我们。驱动力设计的关键点是降低对方的行为风险，降低对方的行为成本，消除对方所有的行为障碍。

名称设计的方法：驱动词汇&量化

驱动力的设计里面，产品的名称设计是至关重要的。名称的设计比驱动力设计重要100倍。当你的驱动力不好设计时，很大一部分原因是你的名称有问题。

假如你的名称没有问题，那我告诉你怎么设计驱动力。第一个重要的事项就是要注入具有足够动力的词汇。以下词汇我们都要在自己的脑海字典里斟酌：

快速、简单、简洁、立刻、马上、马上得到、轻松得到、快速得到、捷径、倍增、唾手可得、秘籍、秘诀、迅速、轻松、70%、克隆、提高。

我们需要去衡量一下自己的词汇里面是否有这些驱动力的词汇存在。如果没有这些驱动力的词汇，还有个秘诀就是用数字去描述，将你能够提供的好处具体化。这就是驱动力写作的诀窍。

“第一名”比什么都好，因为“第一”是个量化词。第一是驱动力的词汇，你把所有这些词汇罗列，找到一个就写一个。这是一种方法。

第二种方法是用数字量化。百分比、几倍啊，第一名、第二名、全国销量第三名等都是很有驱动力的词汇。

比如海马汽车，如果量化的话，销量上面可以用哪个词？可以量化什么东西？

（图片来源：http://www.nipic.com）

海马汽车拿过哪些第一名？没有的话，销量有没有第一名？性能有没有第一名？可以是刹车系统，可以是地盘，也可以是节油，比如哪一次节油大赛里面，哪一款车拿到过第一名。

我们要用这种方法去思考自己的产品，发现一个就把它累积起来。你想想，把第一名罗列20个，顾客看了，会不会很有效？我在塑造自己价值的时候，把自己塑造成中国粥品行业“中华食神”称号获得者。中国食神起码有几千个，但是我是粥品行业里面的第一个。

不管海马汽车是国产汽车中哪个领域中的第一名，或者在什么时候获得过第一名，我是中国唯一一个粥文化大师称号获得者，唯一的，是不是比海马汽车的第一名更厉害？

有个做创意培训的老师，是中国创意思维培训行业第一个做创意培训的老师。他做培训课程，主要是找企业培训主管。但是培训主管往往没有企业主的决定重要，所以他的培训要以企业主为目标设计一个成交流程，而不是盯着销售主管不放。创意往往是老板所需要的，而不是人力资源部所需要的，因为这会增加人力资源部的工作难度，很难设计驱动力给他。当很多行业竞争非常恶劣的时候，就要跳出固有的思维模式。

到底谁决定它，最需要它？老板要省钱，员工要方便，不同的人，需求点是不一样的。对老板或企业负责人而言，降低成本、提高利润是他们喜欢的；反之，员工在这方面就没有什么概念。所以，要针对不同的人，传递不同的价值点。

王浩华老师塑造过一个“中国第一”——中国第一个坐直升机飞到天上去看风水的风水大师。王老师今年才30多岁，但是他却成绩斐然，因为他掌握了营销的秘诀，知道用什么方法去占领人们的心智、占领人们的认知。

因为人们的认知是用数字去认知东西的，我的服务最好，是没有意义的，因为没有办法量化。只有将具体的结果进行充分量化，我们所设计的驱动力才更具有威力。

我们可以给顾客很多好处，但是你不懂得量化，顾客根本没办法认知。要想占领别人的认知，就一定要符合认知的规律，这就叫做遵循人性。

我建议大家从现在开始不要去看营销类的书籍，而要好好看心理学方面的书。现在写营销书的绝大部分老师自己就不懂营销。如果他懂营销，那么他写的书，就一定会成为畅销书；如果一本书不是畅销书，就证明他自己也不懂营销。

我们不要去学“术”，不要从一个个点上找方法，而是要找“道”。以道御术，从思维格局上找出路。术很简单，随便翻翻资料就能找到很多。但是如果没有道，没有一条思维的道路，就不可能引导出非常有用的“术”。

所以我建议大家不要去看营销书，而且去看心理学方面的书，特别是消费心理学、销售心理学和消费行为学。这三门课程，建议大家多看。了解人们是怎么思考问题的，怎么去接受新事物的，怎么去认知这个世界的。只有了解了这些，你才有办法真正去把它学好、做好。

驱动力设计注意事项

驱动力设计，第一个是对你的产品、服务，或者你这个项目名称的设计，第二个是有驱动力的文字，第三个是运用具体的数字来衡量。

当名称设计好以后，要用有驱动力的话去驱动受众。设计驱动力，一定要站在受众的角度去描述。就是我给你一个好处，你干不干。提成给你，给到什么样的幅度你才干。

其实这个驱动力设计，就是一个话术。你面对目标媒介，该说什么，要表达什么，都需要一个精心的设计。它是一个信息。营销，从某种角度上说，就是设计一个信息。信息有驱动力，通过媒介去传播给你的目标客户。客户得到这样一个信息，就会产生一种行为。所以说营销的行为动力的设计，是设计一个信息的描述，而这个信息具有驱动力。驱动力对于你的媒介或者顾客，是存在利益的。所以，要站在目标受众的角度去思考这个利益驱动点。

驱动力设计要作定位。定位要别人干什么，即具体的一种行为。所以下面的做法，在媒介驱动力之前，先加一个括号，写驱动媒介做什么，后面再写你用什么驱动他。

当绿色的时候，你就通关了。剩下的就是尽量把这句话说得大白话一点，甚至可以考虑是否用图片去描述。要媒介帮我把名片传递，还是要帮我说一句话给别人听，还是要作一个介绍。这个目的，一定要先写出来。然后再来设计具体要他怎么做。

第二节　驱动文案写作方法

在明白了寄生营销的驱动力概念之后，我们就要在具体的实践中去实行。其中的一个重要方面就是通过文字的形式进行传播。因此，在本节中，我们就来探讨驱动文案的写作方法。

产品广告文案的书写

我们先来分享一个驱动型文案的写作模板，这个模板其实是做广告的常用超短型文案，主要解决文字如何具有驱动力的设计的难题。

在思考寄生营销理论初期，我曾经考虑过如何好好利用国外流行的营销信形式。按照国外传播过来的营销信写作方法，一般分为几个步骤。我记得在王紫杰老师的互联网营销课程里学的是九个步骤，我也了解过一种五个步骤的文案模板。这些我都先后测试过，确实有一点效果，不过还是很不理想。

后来，我遵循人性的特征，反向思考这个主题，发现一个非常大的问题就是：营销信太长了。现在的人跟过去的人不一样，中国人跟外国人也不一样。现在的中国人比较浮躁，没有耐心去看一篇那么长的营销信。所以，如果我们按照国外营销信的书写模板来写的话，势必收效甚微。更何况在中国，“营销信”这三个字可能没有多少人听过。

我以前用国外的营销信的模板写过一个培训招生文案。我和看到这个文案后到我这里来学习的人沟通过，发现没有一个会照我的想象，能够把我的文案从头看到尾的。

学员看了我的培训文案后，在报名前，常常打电话来询问一些细节问题，问的问题基本上都是我在营销文案中已经详细解答过的。我很奇怪，我说我在营销信里都写了啊，为什么还问？回答千奇百怪，不可理喻！

我原本以为我写的营销信水平太差，人们不愿意详细看。后来我想通了，其实营销最终是在人性的基础上发挥作用。要了解人性，最简单的捷径就是“换位思考”。

换位思考后才发现，原来你内心怎么想，不等于别人内心也这样想。我找了几个中国比较有名的广告，用来研究其中的规律。最后，我总结了一个超短型迷你文案的写作模板。

第一句话必须引起别人的好奇心。如果第一句话完成不了，第二句话的效果就会下降一半，第三句话就只剩下1%了。

我们先来看看以下几个广告的前用语。

第一，今年过节不收礼。

第二，怕上火。

第三，喝了娃哈哈。

第四，累了困了。

第五，要想皮肤好。

凡是让产品大卖的广告，第一句话都有引起人们的好奇心或者注意力的作用。

第二句话，告诉别人要干什么，也就是下一个行为指令。

第一，收礼只收脑白金。

第二，喝王老吉。

第三，吃饭就是香。

第四，喝红牛。

第五，早晚用大宝。

第二句用一个动词，描述要别人采取的行为。

寄生营销把这个叫做行为指令，也就是直接告诉别人要做什么。这个规律看起来很简单，但却非常关键。

我们可以先看看没有行为指令的后果。我们明白“地球人都知道”，这句话是谁说的？赵本山？！只要是“70后”以后的人，基本上没有人不知道。问题是，还有一个事实，这个广告是卖什么产品的？我想能够回答正确的人大概不到1%。

通过进一步查询，我们才知道这个广告卖的其实是“北极绒”牌的保暖内衣。从国内业界来说，“北极绒”曾是保暖内衣的先驱。但是在花了很多钱做广告之后，最终成为大赢家的却是赵本山。而“北极绒”则从先驱变成了先烈。

这个广告之所以失败，主要是因为“地球人都知道”这句话虽然引起了人们的好奇心，但是后面没有给一个行为指令，未能让人产生品牌认知和购买行为。

假如当年“北极绒”是找寄生营销团队做广告优化，我们就会帮他这样写：

“地球人都知道，内衣只穿北极绒。”

大家应该看得出，迷你驱动文案的基本特征就是分成两个部分：第一部分要充分调动起受众的好奇心，第二部分要植入我们设计好的行为指令。只有遵循这两个基本特征，我们才有可能设计出一个深具驱动力的文案。

招聘广告如何让招聘变得超级简单

无论是产品广告还是其他广告信息，我们都必须植入具体的驱动元素。在此，我们看看招聘广告是如何书写的。

我曾经去考察过一家坐落在南昌红谷滩的超大型民营医院，这家医院号称是中国民营医院四强之一，叫做中寰国际医院。我去医院时正好碰到他们有一个关于招聘业务员的问题。按照公司的规定和当地的市场行情，业务员的底薪一般都是1200元，其他收入主要是提成、出差补助和住宿津贴等。

我有个学员在这家医院负责销售部的管理工作，他想让我看看如何提高招工量。销售部其他几个领导看样子也是营销界的高手，毕竟那么大的医院请的应该都不是一般人。当我们面谈的时候，现场几个销售精英想来挑战我一下。销售部总监说：“毛老师，你来帮我们想个招，看看如何提高招工量。”

我想都没想就说："没问题，你要做到什么效果？"

他说："我们想要招的肯定是比较厉害的业务人员。工资倒不是问题，但是我们的底薪不高，只有1200元。"

我问："在你心目中，一个销售精英一个月的收入可以达到什么水平？"

他想了一下说："应该在七八千元以上。"

在他心目中，一个业务员如果连七八千元都拿不到的话，这个业务员的能力就不怎么样。

我说："那很简单，保证你能够找到。你要招的人数大概是多少人？"

他说："越多越好。"

我拿他之前的招工广告来看。他的招工广告格式和其他招工广告基本上没有什么不同：先介绍医院的情况，然后写招工需求标准，最后留下联系电话。

（图片来源：http://jxylw.jxnews.com.cn）

每一个老板都梦想把精英招回来，用的都是差不多的方法，那就是在招聘广告的前半部分大量宣传自己的企业如何强大，最后才注明招聘怎样的员工。这样没有新意的方法，怎么可能招到精英？！

我用迷你文案的写作方法，一下子就把他这个问题全部解决了。

我是这样写的：诚聘月薪期望值8000元以上的销售精英，名额3个，有意者请立刻拨打电话××××××××。

试想一下，月收入期望值低于8000元的人敢打这个电话吗？适合做业务的人的企图心是不是应该很强？即使他暂时不是精英，也会装得像精英一样。这种人，是最适合干业务的。因此，我们通过这样的文案设计，让敢于挑战的人前来应聘，而且规定招收人数，让有意者有紧迫感。最后下一条行为指令，让目标人物自动前来询问。

无论是产品广告还是招聘广告，我们在书写相应的驱动文案时，都需要从对象关注的利益核心点上找到我们的设计方向。此外，我们还要注意，书写的信息一定要精而简，注重用最简洁的文字描述出最具驱动力的方面。

第三节　自动化人脉营销文案

自动化人脉营销文案是另一种微型文案，是自动化人脉营销的起源点。所谓自动化，就是在耗费很少行为成本的情况下，实现信息的传播。我们的目标是，通过文字信息的书写，让看到文字的人自动找到我们咨询，甚至成交。

在自动化营销文案的书写中，我们既要考虑到受众的核心需求点，同时还要对自己的能力进行评估后给出与受众需求匹配的文字说明。在这个过程中，我们会遇到不少难题。

比如，我们经常面对培训行业的一个难题，那就是培训出来的人水平不一致。为了解决这个问题，首先我的培训内容要变得非常简单，其次就是要强化训练。

（图片来源：http://www.nipic.com）

有了以上的参照，

我们在作自动化人脉营销时，就要尽量让整个过程变得简单。自动化人脉营销其实不难，要领总结起来也就是两句话：

第一句话，要让别人记住你，哪怕他不是个内行人；

第二句话，要涵盖客户的衡量标准，要立刻让人知道你的客户是谁。

比如我在我的名片上印的是这句话：

专业帮助对生意现状有抱怨的生意人。

这句话带给读者两个资讯：

第一，这是给生意人做的，我的客户是做生意的人。

第二，明确表明了我的目标客户人群，就是那些对生意现状有抱怨的生意人。

在限定了这样的范围之后，就很容易让看到这个信息的人明确自己与我所能提供的结果的相关性。

自动化营销文案是通过一定的媒介起作用的，通过他人的间接传播，让需要我们的客户主动找到我们。如此一来，我们就省去了很多寻找客户的行为成本，实现了可持续的运转。

在此过程中，我们要面对客户的不同需求。对于不同客户之间的需求差异，我们要有一定的参照标准才能有所突破。这就涉及更深一层的概念问题，那就是即时需求与潜在需求的区分。

即时需求与潜在需求

所谓即时需求，就是行为主体在当下需要得到满足的方面；所谓潜在需求，就是行为主体具有相关的需求，但是并不一定要马上得到满足。

潜在需求与即时需求的差别可以从以下例子得出答案：假如你买了一辆新车，感觉很爽，立即去高速公路上展示车技，时速飙到140公里，结果当你飙得正爽的时候却发现油没有了。这个时候你就会想加油，这种在压力状况下产生的需求就叫做即时需求。

而在相对情况下，你觉得是可要可不要的那些东西，就叫做潜在需求。再举一个简单的例子：肚子饿了要吃饭，这叫即时需求，一定要的；肚子没饿你去吃饭，就叫做潜在需求。

然而在日常的经营活动中，我们面对的即时需求远远没有潜在需求多。因此，我们要研究针对潜在需求的营销方式。假如你要去买财产保险，是因为你下意识害怕你的财产会被别人偷、被火烧掉或者被水淹掉……其实购买的触发点一定是某件事情让你产生压力。

假如你要去买财产保险，是因为你发现隔壁邻居家被盗了；又或者说你要去买车辆保险，是因为你看到别人撞车了……所以说即时需求是因为某一个触发点触发出来的，跟你的产品是没有绝对关系的。

我们要研究如何把潜在需求激发成即时需求。买保险的不懂得卖，是因为他不懂得如何去激发别人的即时需求。如果销售人员只会跟客户说产品有多好，客户就会觉得它再好与我也没有关系，那么潜在需求就不可能变成即时需求。

（图片来源：http://www.nipic.com）

况且，很少人会为自己的潜在需求埋单。成交都是即时需求被激发出来的那一刻。需要注意的一点是，即时需求会随着时间的延长而变回潜在需求。

这提醒我们在书写驱动文案的时候，要把握好即时需求和潜在需求的关系。用文字的方式，激发具有潜在需求的客户转化为即时需求，实现业绩的提升。

如上文所述，营销信是自动化人脉营销文案的一种重要形式。这种文字性的营销方式在国外是比较流行的。但是在国内运用过程中，总会出现一些问题。我们最初接触营销信书写时，会强调几大步骤的实行。因此，很多营销信的篇幅很长，侧重点主要集中在介绍产品性能上。

这些性能的描述只对有即时需求的人有效，他们会认真去看完每一个字。但是对只有潜在需求的人而言，他就想看一句话：我为什么一定要买？所以，营销信越啰唆越没有效果。这就涉及概念的活用问题。

第四节 行为成本低是人力自动化的前提

一个人要付诸某个行为，会耗散相应的体能和精力。寄生营销把这种耗散称为行为成本。不管你做什么事情，都需要付出代价，这个代价，寄生营销也称为行为成本。

有一种行为不需要经过大脑思考就可以付诸，虽然会消耗体能，但是，不会消耗精力。我们假设这种行为为零成本行为。这种行为有两种：一种是潜意识行为，还有一种叫做习惯行为。

例如你刚学会开车，你会发现开车很累，因为你要考虑什么时候挂挡，什么时候加油门，什么时候松离合，什么时候踩刹车。但是当你习惯的时候，你却可以一边聊天一边轻松开车。这是为什么？因为当你的行为形成习惯以后行为成本就非常低，几乎为零。

人的天性是好逸恶劳、追求零成本的行为模式，我们做营销的就应该借助这种人性规律，为目标对象做两件事情：一是尽量降低对方的行为成本，一是尽量提高对方的行为驱动力。

设计驱动力要站在对方的角度衡量价值

我们在设计驱动力的时候，往往习惯于站在自己的角度去描述价值。如果你的价值观跟受众是不对等的，那你所描述的价值就只是一个摆设而非他人的真实需求。

我举个例子，基地组织头目拉登。美国人民的价值观里面他是恐怖主义组织的头目，可是换位思考一下，如果你是阿拉伯国家的人民，伊斯兰教的一个教徒，你会觉得拉登就是一个民族英雄。

（图片来源：http://www.ufotm.com）

本·拉登

同样的道理，我们看到世界各大媒体都将卡扎伊视为一个残暴的独裁者，但是对他的支持者而言，他却是一个伟大的领袖。这就是不同文化国度所体现出来的差异化价值观。

在同样的国度里，人与人之间的价值观差别也是非常巨大的。当我们起心动念去想象我们的沟通对象的价值取向之时，就必须从他们的实际生活语境来考虑问题。我们做营销的人，更要学会换位思考，站在受众的角度去设计驱动力。如果站在自己的角度，我们设计出来的驱动力就只是一个空中楼阁，很难形成实际的驱动效果。

换位思考怎么训练

换位思考是一种伟大的能力，每一个人都明白这种能力很重要。但是，以往很多心理学方面的著作在提到换位思考时，主要都是站在理论的角度来提醒人们重视这方面的训练，却没有人懂得怎么去训练这种能力。我翻遍了我能够找到的所有的书，都找不到换位思考的训练方法。如果不能训练，它就不可能叫做能力。根据我们的经验，换位思考也有训练的方法。这个方法与我小时候的经历有密切关系。

我自小没有母亲。父亲去上班了，我一个人在家很无聊，常常搬张小板凳坐在家门口等父亲下班。因为太无聊了，我就在路边看上下班的人们从自己的家门口走过。每一个人从这里经过的时候，我就会下意识地假设我就是他，经年累月就训练到这种“乾坤大挪移”的功夫，把自己位移到别人身上去，感知对方的行为和体验。

（图片来源：http://www.1236600.cn）

假如你家住在二楼，那你就可以站在你家的阳台上，你也可以站在街边上，或者是你吃完饭没啥事，搬张小凳子坐在家门口，看到一个人从你身边走过，不管他是男的还是女的，你就想象一下你是他，有意识地让自己进入别人的身体里。你会像他那样说话，像他那样走路，像他那样去看周围的环境吗？一开始你会觉得很困难，慢慢你就会觉得开始有感觉了，到最后你会下意识地养成一种习惯，瞬间就换位过去了。当你习惯了这种思维模式，你在设计一个驱动力的时候，就能很轻易地把自己转换过去。

这种方法不仅需要我们有较长一段时间的训练，还需要我们在与人沟通的时候善于捕捉不同性别、年龄、身份的人的行为习惯及谈吐内容，从他人的语言和行为动作中理解其行动背后的价值观。

所以，我们在练习换位思考能力的时候，不仅需要有心理层面的改变，还要借助不断的行动来达到真正的转换。

营销活动一个很大的特点是每天都可能遇到性格、价值观有很大差异的人。只有掌握了换位思考的能力，当我们面对客户之时，才能很容易找到促发其需求点的元素。

也就是说，如果营销不站在别人的角度，而是从自己的价值观出发去设计驱动力，我们遇到的阻力就会大得多。你设计的每一句话，你都可以换位过去细细体味个中滋味。消除感觉障碍是营销设计的关键点。

每一个细节都要站在受众的角度去细细体会。

经过换位思考后过滤的信息，不仅容易让对方接受我们的产品或服务，还有一个重要的作用是让对方降低行为成本，在较短的时间内达成共识，促成交易，这在描述产品好处时显得尤其重要。

描述产品的好处，不要超过三句话

前面我们曾提到行为成本包含的内容，其中有一个重要的方面是记忆成本。在信息化的社会中，我们每天都要面对大量的信息。如果我们要记住某一方面的信息，就必须付出巨大的记忆成本。

我们从事营销活动的时候，要想让顾客对我们的产品、服务快速产生记忆，就必须遵循信息简化的原则。这就需要我们从换位思考中找到容易记忆的要素，用适当的方式表达出来。当我们从换位思考中明白自己的产品与不同客户之间的匹配度时，就可以在沟通中将产品的好处描述得更加到位。

很多人在卖产品、卖服务时，都尽力宣传自己的产品和服务有多好。其实消费者最关心的不是这个，事实上关心的是产品或者服务最终带来的结果。

善于去描述对方能得到的最终好处是一个高手必须有的能力。其实，很多做营销的朋友都意识到这一点，只是在具体的操作上却容易犯错。

其中一个普遍的错误倾向是用大量的语言或文字来总结描述产品的性能和给顾客带来的好处，注重信息量而忘了信息的质量。

一般而言，普通人能在瞬间记住的要点不超过三个，多了就会变成巨大的记忆负担，到头来不仅未能记住后面的信息，就连前面的信息也会遇到记忆瓶颈。因此，当我们描述产品好处的时候，也要遵循这个基本规律，一般不要超过三句话。

在实际的应用中，我们最好是追求用一句话将产品的好处描述清楚。在具体的操作中，我们首先要找出我们的服务、产品与竞争对手的差别，亦即排他性特征，将这个排他性特征与顾客的需求进行对接。在此基础上，用文字信息表达出这种优化过的排他性特征，让它成为我们所能描述的产品的好处。

如此一来，我们不仅降低了顾客的记忆成本，也在无形中树立了一种行业的衡量标准。通过这种衡量标准的传播，我们的产品、服务不仅可以实现销量的提升，而且也在无形中促进了信息传播自动化进程。

第七章

寄生营销流程设计的关键点

我用了8年时间来构建寄生营销的理论体系，其中有反复也有挫折。在通过不断地检测与实践之后，我们逐渐找到其中的核心支撑点。其中最重要的思想就是种利得利。在本章中，我们从寄生营销的这个思考原点出发，与大家分享寄生营销流程设计中的各个关键点。

第一节 寄生营销思考原点——种利得利

寄生营销的思考原点在第六章已经有所介绍。为了让大家对本章的营销设计流程有更深入的认识，我们在此再总结一下。

寄生营销是从佛家因果论悟出来的销售理论体系，弘扬的是“种利得利”的商业理念，把因果从简单的“种瓜得瓜，种豆得豆”现象中，演绎出在社会中当世“互为因果”的控制法门。因此从寄生营销来讲，一切事情都必须要从它的思考原点开始——种利得利。

种利得利的一个关键特点就是：贡献价值。所谓贡献价值，就是要塑造自己可被对方利用的价值，然后真心诚意地为对方服务。无论是站在人性的角度上，还是站在市场的角度上，这都是符合可持续发展的规律的。刘克亚老师讲过的人性营销术，与此也有同工异曲之妙。

寄生营销讲究种利得利，就是要在整个营销过程中没有人失利，所有人都得利。那么，我们在思考一个营销过程的时候，就要把所有相关的人考虑进来，然后分析到底谁能得利。

因此，寄生营销的种利得利思考原点有以下三个关键点：

第一，应该被谁利用？

第二，如何塑造被人利用的价值？

第三，如何驱动别人的行为？

针对这三个关键点，接下来我们将层层深入，逐步攻破，共同探讨“种利得利”的思想精髓。

该被谁用——消费者？顾客？还是客户？

消费者？顾客？还是客户？很多人并不清楚这三者之间的概念、区别和关系。寄生营销最基础的知识，就是关于消费者、顾客跟客户的定位、差别与关联。

所谓消费者，是产品最终的享受者，就是产品所贡献出来的价值最终的享受者。

顾客是出钱买产品的人。有时候消费者跟顾客是同一个人，例如顾客花钱买了那个东西自己享受，那么顾客也是消费者。但有时这两者是分开的，比如对卖步步高点读机的商家而言，产品的消费者是学生，但是他们的顾客往往是家长；对卖脑白金的商家而言，脑白金的消费者是中老年人，然而他们直接面对的顾客往往是老年人的儿女们。

除了顾客和消费者，我们需要面对的还有客户。我们做营销的，必须对顾客与客户有明确的区分。在大部分人的心目中，客户是通过你的产品去赚钱的，而顾客是花钱去拥有这个产品的人。然而，我们寄生营销对客户进行了重新的演绎：客户对你来说不仅是靠你的产品去赚钱的人，更是一个重要的产品信息传播载体！

从营销的角度来讲，所有的信息要传播出去都需要一个载体。传统的载体有报纸、电视、电台、杂志、广告牌、宣传单……然而，在寄生营销里面，客户就是我们重要的载体。

这个载体要遵循以下两个原则：

一是他跟你的顾客的接触频率很高。

二是顾客对他的信任度很高。

只有符合这两个原则的客户，才是一个合格标准的好客户，我们才能把信息寄生在他的身上，然后通过他就可以很好地跟你的顾客进行接触。

以上就是我们寄生营销学对于消费者、顾客和客户的定位和分析。其中，我们最需要搞清楚的就是客户的定位和作用。因为从工作的时间或从努力的程度上来说，我们80%的时间是用在客户身上的，因此客户本身就是一个有效的可寄生媒介。

寄生营销讲究的是借力，不用花费时间和精力去创造，只求找到有效的寄生群体然后借力寄生。也就是说，我们可以在客户的身上“种利”，那么，我们就要塑造能被客户利用的价值，随后轻松等待“得利”！

如何塑造被人利用的价值？——有他相，无我相

寄生营销有两句信条：

“凡是对别人有帮助的，就对自己有帮助！”

“凡是对别人有利的，就对自己有利！”

我们发现在自然界里面，“利”有四种存在形态：植物界、动物界、人界、神界。

对于植物界来说，植物的“利”就是植物生长需要阳光、水等。

对于动物界来说，动物的“利”就是食物、气候等。

对于人类界来说，所谓“无利不起床”，人的一切“利”都是以“我”的利益为导向的。

对于神界来说，所谓“神爱世人”、“佛度众生”，神也是以利益为导向的，最大的区别在于他是以他的利益为导向的。寄生营销学倡导：模拟神的行为，在人间为人处世。因此，我们的行为哲学就是要从沟通对象的需求出发，主动塑造可被别人利用的价值。

（图片来源：http://book.douban.com）

神的行为就是有他无我，但我们只是人，我们模仿神的行为就可以做到有他相无我相。相，就是显现的概念，并不是真的没有“我”，而更多的是通过以“他”的利益为导向来实现“我”的利益而已。

我们发现了可寄生的客户目标，就要从不断的沟通中寻找他的需求点，帮助他实现其利益。

只要我们能在话术跟行为

当中做到“有他相，无我相”，我们懂得其中的道理，我们的一切话术、行为模式、广告宣传等就可以以此作为衡量标准，判断一件事情的对错。

压力与引力

人的行为是动力，利益就是驱动力。“利”表示向前或向上的具体东西，而“益”就是代表虚拟的希望、情景，或者是解决方法。因此我们把驱动力分解成两个部分：一个叫“引力”，一个叫“压力”。

客户需要分享我们的产品/服务以实现他需要的价值，因此在驱动客户的时候，我们要用“引力”，让对方明白我们能为他带来的好处；顾客则是通过与我们交易而实现需求满足的行为主体，因此驱动顾客，最要利用“压力”。只有找到顾客需求来源的压力点，我们才能设计出效果明显的驱动力。

（图片来源：http://www.nipic.com）

所谓引力，是吸引力的缩写，也就是我们经常说的“利”，指的是我们能够获得的好处。

所谓压力，就是顾客所处环境中对其构成心理负担的点。比如在很多家庭中，如果小孩读书不用心，成绩跟不上，就会让父母产生很大的压力。如果我们能够帮助父母引导他的小孩更有效地学习，那我们就解决了其需求中的压力部分。

顾客产生购买行为，一般既有引力的推导，又同时有解决压力的需求。例如冬天的时候我们去买衣服，其中的一个主要压力是没衣服穿太冷，买衣服本身是为了解决冷暖的压力问题；而商家的衣服吸引我们的点是其款式、品质。当我们去商场挑选衣服的时候，是否够暖是解决前一个压力的条件，而衣服是否漂亮、优质，则是商品的吸引力所在。

这是寄生营销关于行为动力的概念，客户驱动力就是一个行为动力的概念，驱动顾客产生一个具体的行为动作。我们做营销的最终目的就是希望驱动客户去打电话，或者登录网页，或者回复短信，或者购买某一种产品……那么，我们就要分析能吸引他或解决他压力的“利益点”！

最后，有一点是需要特别注意的：在任何商业设计里面，每一个营销环节只驱动顾客产生一种行为。不要企图一次让顾客完成一系列的行为，这是很难做到的，也是不符合人性的，而且很容易会适得其反。

我们在上节已经指出，行为成本低是我们实现自动化营销的基本前提。因此，每一个营销环节，我们只需要受众能做出相应一个动作。我在参加讲师培训的时候，我的老师讲了两句话，让我受益终生——“塑造自己被别人利用的价值，主动创造为别人服务的机会”。

“塑造自己被别人利用的价值”是一个指导思想，“主动创造为别人服务的机会”是具体的行为模式。两者结合起来，其实就是我们经常说的“帮助”这两个字。一个人之所以活下去，是因为他还有帮助别人的价值。如果你没有被别人利用的价值，你活着就没有什么意义了。

第二节　定位不对，努力白费

什么是定位

无论我们想做怎样的事情，都必须在心中有一个清晰的定位。如果定位和努力的方向不对，那么我们的努力终将白费。在进入寄生营销的定位概念之前，我们先来了解一下定位的具体含义。

（图片来源：http://lngfjy.nen.com.cn）

下面是定位的两个定义：

① 定位是确定某一事物在一定环境中的位置，如产品在市场中的定位、人物在组织中的定位、物品在某一地理位置的定位等。

② 定位仅仅是有效营销过程中的一步。有效营销开始于营销人员对于本地市场的营销调研，以发现客户需求尚未得到满足的市场细分。之后企业选出能够为之提供高人一等的产品和服务的目标市场细分。接下来轮到定位，定位即企业把针对目标市场细分开发出的产品特性通过沟通传达给消费者。注意，定位之前必须有市场细分和目标市场选择两个步骤。

前一个解释普适面比较广，强调的是各种环境、事物中的定位问题。认为定位是行为的原点，任何行为开始之前都需要先作定位。

后一个解释针对的是营销范畴下的具体定位概念。这个解释认为营销一定要做市场调研，或者是做一些市场细分的工作，认为定位就是针对目标市场提供更高的服务或者产品。

这两个解释对我们的认知都有一定的参考作用。然而，若是从有用的角度来衡量，我们就会发现这些解释本身很难落实到具体的实践层面来实行。在营销行为中，如果要真正实现概念落地，就必须进一步地对我们的市场、产品、目标、方式方法及行为等几方面作出切实的定位。

市场定位

我们知道大学里有一门专业叫做市场营销，也就是说，营销是以市场为导向的。我们在选择好高、中、低端的市场层次之后，要考虑的就是如何寻找到具体的目标客户。

很多朋友都觉得市场这个东西有点虚，有时让人捉摸不透是啥玩意。在我们看来，市场就是人群。凡是我们看到有“市场”二字的地方，我们几乎都可以用人群来代替。

因此，我们说要对市场进行定位，就是要对目标人群进行定位。当我们确定产品和消费主体的层次之后，还要不断缩小范围。

几年前我开始做培训的时候，首先想的是聚焦在餐饮行业，并进一步缩小在粤菜上。我在网上看有不少人做烧腊培训，觉得应该可以做。不过后来发现，我的选择是错误的，我们在技术等各方面都难以和别人竞争。随后我就开始转换策略，想着是否可以寻找一个行业的空白点。

（图片来源：http://www.nipic.com）

经过分析我发现，砂锅粥的培训似乎还没人做，于是就开始着手。虽然我对煮粥一点都不懂，但我深知借力的重要性，因此请师傅过来帮我做培训。此外，我还会到周围各个砂锅粥店去品尝味道，在这一过程中，我逐渐学会了煮粥的技术，并最终在中国食文化研究会主办的饮食大赛中获得“中华食神”的称号。

通过这一系列的努力，我将砂锅粥的培训做到了比较高的程度。我举这个自己的案例，主要是要说明细分市场定位对于创业者的发展有巨大的促进作用。行业的空白点往往就是人群消费较强的需求点。

在我们缩小了人群范围之后，就会考虑对哪个人群最有效，这可以通过过往的信息数据来分析。我们要坚持一次只做一件事，一次只想一件事。认定一个市场，就想方设法将目标不断缩小，将有限的人力、物力投入其中，避免眉毛胡子一把抓，从而提高效率。

总而言之，市场定位就是要将自己的选择缩小在最小的范围内，寻找最具利润点的方面进行突破。

产品定位

产品/服务的选择，主要分为两类：一类是机遇型产品/服务，另一类是行业型产品/服务。我们认为，对于经济实力和能力一般的创业者而言，比较容易获得成功的是选择行业型产品/服务。

这样的分类和选择，只是一个宏观上的取舍。真正落实到产品的具体特征上，就必须对产品的类型、品质及信息传播途径作出基本的判断。我们首先要做的一件事情是给产品/店铺取一个合适的名字。产品名/店名的好坏，直接涉及产品/店铺信息的传播成本。

一般来说，我们的认知都是从比较容易记、具有具体形象的事物开始的。因此我们在给产品/店铺取名字的时候，要遵循两个原则。首先是要有可读性，让人一看就容易记住。其次是名字最好是某个具体形象，且与产品/店铺有关联。

比如我们在做培训的时候，有的学员给自己的粥店取名“三毛甜品粥”。这个名字固然容易让人记忆，可读性很强，但是“三毛”两字显然与这个学员所经营的产品没有特定的联系，因此并不是一个很理想的名字。

还有一位学员将自己的瑜伽馆称为“瑞玛瑜伽馆”。一般人要问上三遍才会知道是哪个瑞、哪个玛。这个名字不仅没有具体的形象，可读性也很差，而且与这位学员经营的服务也没有任何关联，因此也不是一个很好的店名。

还有人将自己的武馆称为“精英武道馆”。精英一词虽容易记，但也没有一个具体的形象，如果加入武打明星的一些元素，或许效果会好很多。大部分人之所以会在产品取名上出现各种各样的问题，是因为很多人根本没有意识到给产品取名要遵循的原则。

无论我们做怎样的一个项目，我们都要考虑到信息传播成本的问题。当我们能选取一个既有具体形象又容易记忆，且与自己的产品有很大关联度的名字时，我们的产品信息传播成本就会降低很多。这个道理很简单。如果我们无意中买了一个很好的产品，当我们想介绍给朋友的时候，发现名字很难记，这就增加了我们传播这个产品信息的障碍。或者说我们用过一个不错的产品，但是始终无法找到一个具体的词语来形容其功效，那也会对我们转介绍给朋友形成阻碍。

反之，若是我们能找到一个容易记忆又有具体形象的词汇，那产品的信息就更容易被传播。比如以前我们做砂锅粥培训，我给自己的培训网站取名“红灯龙”。这个名字容易记住，而且红灯龙的形象也比较鲜明，方便客户联想。

因此我们说，要对自己的产品进行细致定位，首先要给产品取一个好的名字。此外，我们还要将产品的具体性能以及顾客可以获得的结果描述清楚。这个环节做不好，会让很多人误解。

比如王紫杰老师早先对学员说要开网校，但他做了很久的解释，很多人还是无法理解他的具体意思，最后他只能用一句话解释：“我只想开一个网上新东方。”这句话的效果立竿见影，很多人听后都恍然大悟。在这个案例中，王老师用一个大家都有认知的概念来解释自己的想法，结果事半功倍。

这也提醒我们，在描述产品服务的特征时，我们需要做的是尽量用两句话以内的篇幅来描述顾客能获得的具体结果。在描述产品特征的时候，我们尽量用两句话以内的篇幅概括产品能为客户带来的最主要价值。

通过一两句话的描述，让客户明白我们的产品的品质与市场定位，从而与产品名称一起，成为产品得以推向市场的重要参照信息。

以上就是我们对市场和产品定位的一些看法。需要说明的是，对产品和市场的具体定位与塑造，还需要更多的信息才能达成，例如做市场调查、对自身具体的经营行为进行规划等，这几个要素不可分离。

除了对市场、产品有准确的把握，明确两者的定位之外，我们还要对基本的目标、达成目标的方式方法以及具体行为进行细致的定位，确保每一步都作出效率。

目标定位

我们在上课培训的时候，曾经问过一些学员他们的目标。有个学员回答说，业绩翻倍是她的目标。没错，这是目标描述的一种方式，不过还是过于模糊。

首先，这个目标没有具体的时间规定，因此实现目标的期限不够明确。

其次，达成目标所需要的条件也没有详细的解释。

由这个案例，我们可以看出，所谓目标，就是一个可以详尽描述的具体结果。我们要对我们的业绩目标作出相应的规定，就必须让这个目标清晰可见，最好用数据化的形式标示。

（图片来源：http://www.partyou.com）

寄生营销尤为注重在短时间内实现既定目标，即我们一直提倡的“一时一地只做一事，讲求效率第一”。因此，我们建议创业的朋友们尽量围绕自己的产品及市场情况，明确地写出自己在一定时间内所要达到的业绩。

只有我们的目标定位明确了，我们才能围绕这一目标寻找最佳的方式方法及行为模式。也可以说，在产品和市场基础上所做的目标定位是方式方法与行为模式目标基本的参照。

方式方法定位

有了具体的目标，我们就必须寻找适当的营销方式进行销售或宣传工作。根据我们的观察，在产品的宣传方面，很多朋友喜欢独树一帜，讲求创新。有相当一部分人认为，只有采取独特的宣传方式，才会让目标客户更容易了解到产品的信息。

我们对这样的做法并不太赞同。因为讲求与众不同的宣传方式，不仅要花费相当大的时间成本，还要面对人群的考验，具有很大的风险性。一旦我们选择的宣传策略达不到预期，就相当于浪费了最佳的宣传时机，增加了我们的信息传播成本。所以，要想在短时间内达成良好的宣传效果，首先要从竞争对手身上寻找更加有效的途径。

这就涉及我们行为成本中最低的一种方式——模仿。模仿是人的一种天性，我们从小到大都是在模仿中不断积累自己的知识与生活经验。只要留意，我们会发现，只有通过模仿竞争对手的一些策略和行为，我们所要付出的成本才会降低。

（图片来源：http://www.nipic.com）

当然，我们所说的模仿，并不是说要照抄对方的所有做法。我们追求的是在竞争对手的基础上寻找到适合自己能够突破的点，从中寻找到提高效率的地方。

比如很多网吧的鼠标垫印着附近快餐店的宣传信息，我们如果也要在附近开一家快餐店，同样也可以找到网吧老板做广告。我们可以选择在电脑桌面植入我们的广告，同时告诉服务员，只要点我们的餐，就可以有适当打折的优惠。

如此一来，一方面可以在同样的目标客户身上传达我们的信息，另一方面也省去了很多挖空心思才能想出的宣传策略。

总而言之，营销、宣传的方法多种多样，我们做事的方式方法是否正确，决定了我们付出成本的多少。对于刚刚创业的众多朋友而言，我们要做的就是要在有限的条件里发挥模仿的力量，以竞争对手为导向，寻找最有效的营销方式方法。

行为定位

寄生营销认为所有的结果都是由行为导致的。我们所有的目标和计划，只有落实到实践层面才能获得我们真正想要的结果。因此，我们对自身经营行为的定位，是几大定位之中最重要的方面。

所谓对行为定位，就是要计算出产品收益背后所要付出的行为成本。比如我们想让店面的营业额在一年内达到300万元，那么就要计算出平均每一天所要达到的营业额：

3000000÷10÷30=10000（元）

通过这种计算方式，我们就可以知道平均每天的营业额需要达到的数量。有朋友可能会问，为什么我们要除以10（月），而不是12（月）？

原因在于我们要把假期计算在内，找出实际经营的时间。在这个具体的数据参考下，我们就必须根据收支情况来安排营业员的数量，确定每个人的劳动量，从而确定具体的行为。

作为所有定位中最落地的一种，行为定位要细化到每一天所从事的行为中，而且要明确从事多少次。比如上次我们有一期学员，通过数据分析发现，如果他每天都能发出20张以上的名片，业绩就可能达到50万元。于是我们在进行行为定位时，就细化到让他每天发20张名片，而且是有目的地发，注重效率。

讲到细化，我们就必须落实到数据的层面。我们的行为只有建立在数据分析的基础上，才有可能达到想要的结果。如果结果不对，说明数据有问题。想要数据比较清晰可靠，最重要的是要学会做市场调查。我们在做培训的时候，曾经问过在场的学员如何做市场调查，大概有以下三种方法：

方法一：通过发放问卷的形式。

方法二：去竞争对手的场所看。

方法三：直接通过付费的方式向有数据的人购买。

第一种方法相信很多人都经历或接触过，起初很多人都相信那是比较科学的市场调查方法。但是事实证明，这其实只是我们的一厢情愿，事实并非如此。

例如百事可乐就曾经这么做，在作了问卷之后，对很多消费者都选择了的特征进行产品生产。在前4个月产品有非常好的销量，但是4个月后销量却急剧下降。其中的原因何在？

后来很多人通过分析发现，问卷调查所获得的数据，50%的人是出于好奇心而作出的选择。但是人的好奇心最多只有3个月有效期，之后就逐渐消失，这就是百事可乐遭到失败的原因。

因此，倘若我们想深入去了解目标客户心目中比较中意的产品特征或服务形式，最好的办法不是到大街上去作问卷调查，而是想办法成为我们的竞争对手的最好客户。通过我们的肉眼观察其经营行为，同时通过与他们的交易买卖获得更多的市场信息。

透过众多信息和相关数据，我们可以从中选取适合自己发展的突破点，从而实现行为上的优化，减少大量无用功。

以上就是我们所讲的五大定位。无论你是企业主还是业务人员，都需要让自己有清晰的定位。无论我们做什么项目，五个定位一定要用文字描述清楚，根据具体的描述来执行。同时还要遵循一个基本原则，那就是集中精力，一次只做一件事情，将所有资源都聚焦到一个点，这样才能显示出威力。

第三节　目标客户与目标媒介如何筛选

有了以上的总体定位，我们在具体的营销活动中想让工作效率提高，就一定要保证工作的重点必须是面对最重要的人，次要的人放在次要的方面去解决。

因此我们需要引入“目标”的概念。要是能在你的顾客、客户、媒介群体里面都能找“目标”的标签，那么我们的工作就有了重点。也就是说，目标客户、目标顾客、目标媒介这些都是我们要逐一攻克的重点对象。

我们要把可能面对的所有的顾客都罗列出来，然后把所有的客户也罗列出来。当你把这些全部都罗列出来了，说明你的工作就是要面对这些人，但是在这些人里面有的是重点，有的却不是。因此，我们必须要学会找出我们的“目标”！

（图片来源：http://www.nipic.com）

客户的有效区分

在传统市场营销理念中，我们一般都强调对待客户要一视同仁，所谓“顾客就是上帝”。但是在具体的营销行为中，这样的理念是不可能百分之百施行的。一个商人或营销人员，如果想要让生意做得越来越好，就需要对自己的客户群进行分类总结，寻找需要重点服务的目标客户。

因此，寄生营销把客户分成三种：黄金目标客户、有效目标客户和潜在目标客户。

黄金目标客户：

通过多年的实践、总结，我们发现，不管你做什么生意，你的利润约80%都来源于大约20%的人群，另外20%的营业额，来源于另外80%的人群，这就是我们常说的二八定律。

前一种能给我们带来80%收益的客户就是我们所说的黄金目标客户，是我们要仔细分析、重点出击的客户，在具体的营销活动中要把精力、时间、金钱重点投入到这个群体当中。

有效目标客户：

带来20%收入的顾客群会跟你做生意，但是让你赚不了多少钱，你甚至还要亏本去维护他们。对于这种类型的客户，如果他们主动上门做生意我们可以接受，否则我们应采取不主动、不努力的态度。

潜在目标客户：

在传统经济学中有“潜在客户”的概念，但是在寄生营销学当中，我们把他们叫做垃圾目标。因此，我们不把潜在目标设为对象，除非他们主动来找你，否则不需要花心思去发掘。

前述二八定律说明了一件事情，如果你的工作重点，80%的时间给了效率最高的20%的人，它产生出来的工作业绩，是你原来分配方式的10倍。

只要我们把黄金目标找出来，然后集中精力主要服务他们，那么我们的业绩就可以低成本地自动翻一倍。这个原理我们已经在企业中检测过，效果非常明显，因此是十分值得推广的。

如果你有耐心看到这里，是否想过你的目标客户是谁，如何去甄别哪些客户是你的目标客户呢？

（图片来源：http://www.nipic.com）

关于黄金目标客户的筛选，我们有个简单的方法，就是进行罗列排位的方式。目标的确定很简单，就是把你之前成交过的客户名单列出来，分析出带来利润最高的人群。然后把这群人的共性抓出来，针对某一类最高效率的人群，把共性集中在目标身上，不要把所有的顾客共性提炼出来。

比如我们做的自动传播系统，针对的是生意人。最后我把它集中在对生意有抱怨的人群身上。有抱怨的人，是整个生意人里面，其中一部分而已，但却是我们的黄金目标。所以说，衡量目标的时候，有两个很重要的标准：成交效率高、成交利润大。

符合以上两个衡量标准，就证明了他就是你的目标客户。

成交效率高的人，成交成本就低。成交利润高的人，不一定成本低，但是你的利润高，你的总业绩就会高。符合其中一个以上标准的人才是你的黄金目标。实践证明，我们只有通过罗列分析的方式，将黄金目标的共性找出来，在设计营销流程的时候，我们才有可能有的放矢，事半功倍。

目标媒介的衡量标准

如前所述，寄生营销讲究的是寻找有效的信息传播媒介来打造我们的自动化营销流程。因此，除了黄金目标客户的筛选，我们还要引入目标媒介的概念。我们想要使信息传播更加顺畅，就必须在众多的媒介中选择一种最具传播力的媒介点，那就是我们的目标媒介。

那么，目标媒介的衡量标准是什么？我们认为主要有两条：第一条是跟目标顾客接触频率最高；第二条是跟目标顾客的信任度最高。

这就必须思考一个问题，那就是我们的目标顾客在消费中最有可能接触的是哪一类人。这要求我们换位到目标顾客的角度去思考这两个标准。我们首先要分析，目标顾客常去的地方会是哪里？最常接触的是哪一类人？当找到了和目标顾客接触频率最高的那一类人的时候，还要用信任程度来排位。

假如你是做保健品的，目标顾客是35岁左右、住“豪门帝苑”、开30万元以上汽车的女性。我们会发现，目标顾客会常去美容会所、美发厅、服装店、运动馆等，从这些场所里面去排位，最后也许会发现，目标顾客去得最多的是美容会所，接触频率最高的是美容师，那么美容师就是目标媒介！

再比如如果你是卖家具的，你的目标顾客是准备入住新房的人。那么你要去想：入住新房之前要做什么？一般我们入住新房之前首先要装修。因此，目标顾客经常要去的就是建材市场，包括灯具店、瓷砖店、厨具店等。这些店面的老板就是我们的目标媒介。

在筛选出目标顾客与目标媒介之后，我们需要用线性流程的方式，按照先后顺序来进行营销流程的设计。寄生营销所倡导的营销理念，首先就是要确立明确的指导思想——种利得利。在此指导下，认真对自己的经营进行明确定位，并针对自身及市场情况筛选出黄金目标客户和目标媒介。

而且这种筛选的行为，要随着业务的增长而在一定的周期中更新，保证我们的营销行为保持一种高效的状态。有了这些准备之后，我们就要对产品进行策划。其中一个重要的环节就是命名的问题。

第四节
怎样的产品名称可以占据人们的大脑

要引销不要推销

寄生营销与其他营销理论最大的不同点就是出发点的不同。市场营销最重要的销售方式是推销。同样是塑造产品价值，传统的营销理论强调的是产品性能如何多样、如何卓越，其基本假设是好的产品一定会得到顾客青睐。

寄生营销在这方面侧重的是顾客需求点与产品性能的匹配度。如果我们提供的产品描述不能表达出满足顾客最迫切需求的要素，那这种描述就是失败的。这两个出发点的区别，导致了前文所讲的推销与引销的区别。

如果我们不想被顾客这头牛踢掉，就不能用推销的方式在后面推，而是必须寻找到其需求点，塑造与之匹配的价值，从而实现引销。以下我们就分享一下一位来自北京的做节能灶的朋友前来找我们咨询的案例。

这位朋友之前与我们并不认识，因此他一见面就问我们如何做到12个月内保证业绩翻倍？因为从他的观念看，要达到这样的目标，就必须在这个行业有深厚的基础，能够寻找市场突破口。对于我们这种纯属外行的人而言，想达到这样的目标有点异想天开。

但是从他自动找上门来的这一事实说明，他不是因为我们主动推出自己的理念而前来与我们接触的。促使他采取行动前来咨询的是他的需求。刚开始接触节能行业的时候，他感到压力并不大。随着投入的逐渐增加，资金循环周期越来越长，一旦遇到销售瓶颈，压力就倍增了。而我们提供的服务承诺契合了他迫切需要提高业绩的需求。我们设置的那一句话，体现了足够的驱动力。

在经过深入交流之后，他想通过较小的投入实现业绩的增长，于是想跟我们谈名片传播的项目。

由于现在做节能行业的人越来越多，很多人都设法强调自己的产品多么的环保节能，依据的多是数据和第三方见证。因此，他认为自己最大的困惑是如何让自己的顾客相信其产品性能。之前他通过派发传单、在报纸和网络上做广告等形式进行宣传，但是收效甚微。

我跟他讲，如果你一味地在产品说明和广告宣传中强调自己的产品如何节约能源，你用的还是推销的方式。这种方式总是想在人群中塑造一种全新的价值观念，让受众无条件接受。但是我们换位思考后就明白，如今环保、节能等产品特征已被大部分商家用得很烂了，我们即使在这方面投入再多信息，也很难再提供更具驱动力的点。

与推销的方式相反，寄生营销强调的是利用利益来吸引顾客，也就是引销的方式。因此，我们建议他回去之后首先重新定位好自己的目标顾客和目标媒介群体，然后根据目标媒介的需求设置好自己的名片，通过名片发放的方式来扩大自己的顾客群，提高业绩。至于具体的细节，我们为了保护他的权益，在此不便公布。

在后来的信息反馈中，我们得知他已经通过自己的信息传播系统拥有了稳定的客户群。这些客户群带来的利润远比之前的散户要高，而且客户维护费用也大大降低。

寄生营销一再地强调不可用推销的方式进行营销设计，而是千方百计寻找产品最具吸引力的地方，实现引销。构建吸引力有很多方式，最好的方式就是用文字来描述。文字是世界上最伟大的营销人员，“他”可以将一个观念植入特定的人群之中，形成新的判断标准。广告词的设计之所以重要，就是因为我们要通过它占领别人的大脑。

你想占领别人的大脑，就要跟他大脑原有的知识进行相关性。同时突破他大脑里面原有的知识结构，给他一个超乎常规的东西。名称的设计，是在别人的心智模式里面，创造一个新奇特的东西，突破他的心智，也占领他的心智。

第一个方法是什么？首先在他的认知模式里找到一个突破口，然后寻找关联点。为了让大家更加明了，我们通过以下案例来进行说明。

案例一：猪八戒威客网

猪八戒威客网并不是中国最早的威客网站，为什么却做得最成功？是它的网站平台做得最合理吗？还是他的广告做得特别凶？这些都不是主要的因素，关键一点是因为它的名称叫猪八戒！

猪八戒是不是中国人都知道？这种全社会都知道的信息很容易传播，因为人们不用重新去记忆，而且有清晰具体的形象。另外，新奇特的名词，也有很高的传播性。一个从来都没有出现过的名词，也有很好的传播性，符合人们的猎奇心理。

（图片来源：http://www.hudong.com）

这告诉我们一个道理，名字跟产品的相关性没有用，跟人们头脑里面原有认知的知识架构有相关性就行了，我们称之为第一个相关性。

人们头脑里的意识或认知，只要有相关性，我们都可以称之为公众认知。所谓的公众认知，就是大家共同的认知。我们在选择产品名称的时候，如果能运用好公众认知，我们的产品信息的传播速度和效率就会好很多。

案例二：红灯龙粥品工作室

除了认知的公众认知的相关性外，我们还要遵循的一个原则是产品名称最好有一个具体的形象，最好是可以让人望文生义的，立刻产生联想的。

在做创业培训的时候，我给自己的工作室起了个名字，叫做“红灯龙”。“红灯龙”的“龙”，我用了一条“龙”的“龙”。而且我设计了一个灯笼形的龙的形象，作为我的Logo。

（图片来源：由张健林先生提供）

为什么一开始不用毛俊程呢？毛俊程容易传播吗？红灯龙是不是一说就记住了？中国人有几个不知道红灯笼的？

我在最早推广的时候，一个人只做了一个月就超过了同行，为什么会这么快？就是因为这个名字很重要，别人一看见就记住了，下次直接用红灯龙一搜就可以了。红灯龙跟砂锅粥相关，或跟粥相关，只有我的信息，没有别人的信息，这就是名称的重要性。

案例三：寄生营销

寄生营销也是这样。我最早要创立这个营销模式的时候，想了很多名字，最后决定用“寄生”这两个字。因为寄生在人们的脑海里本来就有，从小学的生物课中就开始懂寄生这个概念。加上寄生虫很容易让人产生联想，因此是一种普及面很广的公众认知。

为什么我用寄生不用共生？共生没有传播力。因为共生在人们脑海里面没有，它需要再教育。

如果你打算开公司，或者设计新的名称，第一个要突破的，就是名称这道关。名称关突破以后，还涉及你用这个名称去设计有驱动力的广告。

所以说，为你的项目打造出一个独特的名称来，比什么都重要。标准有两个：第一个是在人们意识里面本来就有的，第二个是非常具有差异化的。“寄生营销”就符合这两个要求。

案例四：QQ奶茶

除了公众认知中各种概念的应用，我们还可以将已经成名的品牌名称转换为我们自己的产品名称。当然，我们开篇就已经注明，我们不能做有害的寄生营销。

其实在我们身边就有人很好地利用了这个营销秘诀，QQ奶茶正是如此。因为珍珠奶茶里面的珍珠显得很Q，所以商家用QQ奶茶不仅立刻表现出产品特色，还因为QQ是全中国人最重要的一种即时网络通信工具，因此具有非常强的传播力。

还有谁用QQ两个字大卖自己产品的？奇瑞的QQ汽车，造就了奇瑞的商业神话。低廉的价格和生动形象的名字，让QQ车实现了中国汽车行业从未有的奇迹。

这个案例提醒我们：当你打造不出一个好名称的时候，干脆就寄生。

后来我们讲，假如要跟珍珠奶茶竞争的话，就可以做出一个新的版本叫360奶茶。若是时间点选择得好，肯定可以大卖。假如你的奶茶做得比对方“漂亮”的话，很快就可以通过借力的形式省掉很多宣传费用。

第五节　寄生营销的流程设计

前述几章我们曾提到几种营销术，并提供相关案例进行展示。本节我们就集中讨论具体的流程设计方法。任何一个营销方案或营销计划，不管创意有多好，倘若流程不顺畅，都是难以顺利执行的。那么，我们该如何设计流畅的营销流程呢？针对这个问题，我们研究得出以下两个参考点：

第一个参考点：时间参考。

所谓时间参考，就是按照时间先后，设计安排参与整个流程的人员及其行为。无论是你自己，还是你的业务人员、媒介、顾客，他们的参与总是有一个先后次序，也就是行为的先后次序。

要安排好时间先后顺序，方法很简单，就是罗列参与这个过程的人以及他们将会发生的行为，以时间为导向，分步骤进行排列。需要注意的是，一个好的营销流程一般不会有太多步骤，写得太长了，就证明这个环节太复杂，意味着这个流程执行难度很高。

第二个参考点：行为参考。

在整个营销流程当中，要保证所有环节的参与人员每次只做一件事情。原理很简单，让一个人每次只有一种行为，那么这种行为的执行程度自然最高。相反，行为太复杂就很难执行，会很容易影响整个流程的流畅度，正所谓欲速则不达。

有了以上的两个参考点，我们在设计任何一个流程的时候就具备了判断标准。由于名片营销术是寄生营销自动化设计当中最重要的一种方法，下面我们就着重介绍一下名片营销术的流程设计。

名片营销术的流程设计

（一）名片的两个基本概念

名片是我们在日常沟通行为中最常用的一种载体，但很多人对名片的认知却相当有限。我们总是认为，将自己的联系方式和公司、产品/项目名称印在名片上就好了，信息越详细越好。

不过在寄生营销看来，每个名片都必须具备两个面："信息面"和"记忆面"。其中，名片的正面为记忆面，即姓名、电话、公司名称等内容；背面是信息面，即是要告诉别人你能为他人带来怎样的结果。

名片的记忆面，就是要让受众更好、更容易地记住我们。怎样达到这个效果？一言以蔽之就是：简而精！原理很简单，内容越少越利于受众记忆。倘若文字太多或内容太复杂，一般人就不太愿意去看，甚至即使看完了也没有形成记忆。此外，卡通图案或者简单的创意文字，会产生更加有效的记忆驱动力。

名片的信息面则是你所要向受众传递的主要信息内容。人们习惯在这一面写上自己的经营范围或项目的信息，而寄生营销的名片营销术设计信息面的指导原则是以你能为他人实现的结果描述为导向。如：“专业为经营状况不满意的企业设计自动化营销系统。”

只要我们想通过名片的传播来扩大自己的影响力，我们就必须在设计名片的时候考虑这两个方面的信息。

（二）名片营销术的设计流程

名片营销术是最适用于人脉营销的一种营销术。其中包含两个重要步骤：

第一步：设计自己的名片。在遵循上述两个面的原则下，我们尽量为自己设计出一张与众不同的名片。记忆面就放自己的姓名和一种联系方式，信息面则描述自己能为他人实现的结果。

第二步：找到媒介，帮他们设计制作名片。告诉对方我们希望他做的行为。

在具体的实施过程中，主要分两个步骤完成。我们首先将自己的名片跟对方交换，收到对方的名片，第一个步骤就算完成。

第二个步骤，指出对方的名片不符合标准的地方。因为我们的目标是让对方换名片，所以要设计出相应的话术，对不同的人进行不同的说法。但是最后都要指出他的名片有问题。只要他同意，就说明这个步骤已经完成了。

下面我通过保险公司名片营销术的案例来进行解析。

我去找保险公司的人讲的时候，我一开始就想从记忆的角度来和他谈，于是尝试着说：“你这个名片太复杂了，别人记不住。”

但是他并不认同我的观点，因为他认为大家都会将自己的联络方式和服务信息写在上面，那样做也无可厚非。既然这个方法不能引起他的共鸣，我就试着改变策略，于是接着讲："这个名片，你是按照自己的要求来设计的，没有站在对方的角度。他不需要的信息就会增加他的记忆难度。"

我们来看一下他的名片有哪一条符合要求的。我说："你的顾客会来你的办公室找你吗？"

他说："会的。"

我说："那地址一定要有。"就给他勾了一个勾。

我说："你的顾客有多少人找你QQ聊天？"

他说："很少人。"

我说："OK，QQ可以不要。"

他说："有道理。"

我说："你从业到现在，你的顾客发过传真给你吗？"

他说："我做了6年了，就收过2个传真。"

我说："所以传真也可以不要。"

我这样做完以后，还没办法驱动他，我就开始讲赚钱工具的概念。我说："名片是不是你的赚钱工具？"

他说："是。"

我说："既然是赚钱工具的话，你说工具好用是不是最好赚钱？"

他说："当然是。"

我说："但是你这个工具是个假工具，没办法帮助你赚钱，反而拖累了你赚钱。"

他说："怎么会呢，我的名片可以加强顾客对我的记忆。"

我说："对，你说得没错，有这方面需要的人会去记住你，但是你的顾客会主动帮你传播你的信息吗？"

他说："这样的概率很小。"

我说："我倒是有一个办法，可以让你的顾客主动找你，你是否愿意尝试？不用你花一分钱。"

他说："那当然好了，你打算怎么做？"

在激发了他的兴趣之后，我就开始讲自己的要求。

我说："我帮你做没问题，你要留一点点位置给我，名片下面5厘米的位置是我的，可以吗？"

他说："那你要写什么字？"

我说："写的字对你有帮助，绝对帮你把生意做好，有没有兴趣？如果我写的这段话，是帮助别人把生意做好，请问他的生意真的做好了，对你会不会有帮助？"

他说："当然有了。他赚钱了，买保险的速度肯定比平时要快很多。"

我说："这是我们的利益结合点。你有没有兴趣，让你的顾客来找我，我帮他把他的生意搞好一点，那么你卖保险是不是很容易？"

他说："他生意做好了，是我介绍的，他当然要感激我了。"

这样他是不是就不用为他的保险去付出那么多努力？所以，其实我跟他谈这个过程是很简单的。步骤非常简单，两句话就谈完了。

但是我们必须设计这样一个过程。当你设计完以后，你心里很清楚，当一个卖点无法吸引人的时候，你可以换个卖点。总而言之，我们必须十分明确自己的基本定位和最终目标，透过不同的促发点让对方接受我们的观点。

所以，测试的目标是找到整个流程里面，哪些环节根本不需要，是你想象的而已。做的时候会复杂一点，越测试越简单。优化到最后会变成非常标准的流程。它以话术为目标，以行为动作为目标。包括卡片的设计，你也可以越来越优化，到最后它会变成一个高自动化的东西。

就像我去驱动那个保险公司的人一样，我们只需要几句话就搞定了。只要我们掌握了借力和驱动力设计的要点，就可以在面对不同对象时作出相应的变化。

综上所述，名片营销术是自动化人脉营销的重要部分。如果想要让我们的信息实现自动化传播，就必须找到目标媒介，透过他们去传播。

以上的案例设计流程主要按时间顺序分为两步，每一步我们都要经过不断的测试，从而优化到成功率最高的层面。

第六节 要在帮忙中完成合作

营销的一个重要特点是要与客户保持频繁的接触。在与不同人的沟通过程中，是否具有一个相对稳定的指导思想作为支撑，决定了我们的营销策略是否具有效率和可持续性。

那么，做营销的指导思想应该是什么？

对于大多数人来说，这或许是个不需要思考的问题，因为大家都默认营销流程最重要的指导思想就是尽量对自己有利。因此，在设计营销流程的时候，人们关注更多的是营销流程设计中的种种环节，生怕设计不当而损害到自身利益。至于别人的利益，是建立在自己获利的基础上的。

然而在寄生营销学看来，做营销的指导思想或者观念首先应该是帮助别人实现其利益，本着帮助的心态去设计营销流程，指导营销行为。

上文已经提到，人的行为动力来自利益。就本性的层面而言，自私自利是人类共有的一种特性。例如，全世界的人都在骂贪官，认为贪官在很大程度上造成了社会的不公正。但是如果你是贪官的夫人或儿女等至亲，你对他的行为的评判就会大不一样。

所以，寄生营销学就顺应人的这种特性，强调利益前置对于营销流程设计的重要性。我们相信，只有在对方利益实现的前提下，我们的利益才会轻松获得。

假设有其他商家来和我们谈合作，从始至终都在强调利益分配的问题，你会有什么感觉？你当时可能会觉得在商言商，对方这样做也无可厚非。但只要稍微留心你就会发现，这样的合作者俯拾皆是，没有什么特殊性。如果哪天利益分配出现问题，你们的合作可能就会随时终止。

而如果我们能反过来想，既然大家都是一开口就谈利益，将自己的利益放在最前面来考虑问题，你能否反其道而行之，在设计营销流程的时候站在对方的角度来寻找他的利益点，尽量让整个流程能对对方有益？

当你这样做的时候，可以让对方感觉到你是在用实际行动帮他获利。与此同时，你会感觉你就是鹤立鸡群的人，可以在地区行业内树立一种新型的价值观榜样。所以，我们始终强调"种利得利"思想的落实。当对方感觉到你在帮他获利的时候，你的利益肯定可以自动实现。

不过，想要鹤立鸡群并非易事。我们长期以来形成的利我思想与行为准则，很难在短时间内改变。以下的案例就是没有从自己的利益中走出的体现。

和售楼小姐沟通的话术

我们在讲课的过程中，有一个卖衣柜的朋友来咨询如何与别的商家谈合作。我们当时根据他的具体情况为他提供了一些方法。但是他回去实战的时候，却被合作对象拒绝了，于是他又打电话来咨询对策。

他告诉我，他按照我的方法去跟售楼小姐谈合作，方案是将提货卡送给售楼小姐，让售楼小姐送给前来看楼的客户，并让他们来拿提货卡来找他拿货。但是售楼小姐拒绝了他的合作方案，他不知如何是好。

售楼小姐为什么会拒绝他的合作方案？首先，他的出发点和身份是错误的，没有人会平白无故跟一个陌生人合作。即使你谈方案的时候将对方的利益描述得天花乱坠，对方还是对你的合作方案抱持很大的疑虑。面对一个陌生人，对方首先会对合作产生一种被利用的感觉，从而从心底产生抗拒。

任何人都不喜欢自己被别人利用。因此，他以这样的方式去和对方沟通，得到的结果肯定与预期相反。因此，在沟通的时候就抛出合作方案，对方基本上不会接受。

对此，我们必须改变策略，要让对方感觉到我们的行为对其有利无害。所以他与合作对象沟通时的心态应该是一种帮忙的态度，最需要表达的就是如何通过他的行为直接或间接帮助对方实现业绩增长。这其中必须要遵守的是对方的利益与他本人的利益没有直接的关系。

因此，如果我们改变策略，结果可能就大不一样。我们首先必须确认对方最需要的是什么，然后根据她提供的信息设计一套话术。

我建议他首先去跟售楼小姐说："根据你们这行的情况，你的客人里面，第一次看房就跟你签合约购买房的可能性大不大？"

答案肯定是"不大"。

此时可以接着对售楼小姐说："既然首次见面就成交的概率微乎其微，那么你最需要做的就是让每一次见到你的客户立刻记住你，对不对？如果客人记住你的速度，比记住你的竞争对手的速度高10倍的话，请问你的收入是不是会比原来高1倍？"

通过这样的分析之后，就可以让对方感觉到你的分析已经到点子上，这样就会让对方卸掉心理上的防备。

随后你可以继续和她说："如果有办法让客人看到你之后，一次就记住你。在所有销售人员里面，就记住你，跟你买房子的可能性是不是就提高1倍以上？我去看房子的时候，发现一个小姐很厉害，她每次都会送客人礼物。你可以想想送与不送，客人会记住哪个？"

通过这样的分析，她肯定会感觉礼物的重要性，这时你就可以提出一些建议，让她进入你设计的语境。当你提出也让她送礼物的时候，她头脑中首先想到的肯定是成本的问题。因此，当你看出她在为礼物的成本发愁之后，就表明她已经完全接受了送礼物的做法。同时，你也可以顺势提出你的方案，让她感觉你是在一步步地为她寻找优于他人的解决方案。

有了以上的铺垫，你最后可以说："如果你要送礼的话，我这里有份礼物，不要你出一分钱，你可以见人就送。"

……

如此一来，合作必然顺理成章，效率肯定会提高很多。

总结整个优化过的话术，我们始终强调的是如何帮助售楼小姐给客户留下深刻印象，通过增加她的接待量而间接提升她的业绩。这个帮助的过程，也就是一个合作的过程。我们想达到顺利合作的结果，就必须将自己的企图心掩藏起来，让对方感觉我们的行为对他百利而无一害。

反言之，如果我们的企图心掩藏不住，就算谈成合作方案，效率也会很低。

如何掩藏企图心

据不完全统计，我国现在从事销售行业的从业人员已超过6000万。很多做销售业务的人都很难成功，其中的原因何在？

我们发现，很多时候无论我们面对的是客户还是顾客，我们都很难将自己的利益企图心掩藏起来，言行举止之间就让他人感觉到利益往来的重要性。在此，我们想对处于事业瓶颈期的朋友们说，无论是与人谈合作还是进行行销活动，我们都必须将自己的利益企图心掩藏起来。只要我们本着帮助的心理与他人交流，对方对我们的防备心理就会大大降低，我们的活动就会取得事半功倍的效果。

那么，在具体的工作、生活中，我们如何练就掩藏企图心的方法呢？

我们知道，让沟通对象容易接受我们的一个重要的外在条件就是必须表现得很随和。因此，表现得随和是我们掩藏企图心的必备能力。

就外在的表现形式而言，随和可以通过三大要点来体现。

首先是说话的时候面部表情一定要丰富，最好能笑着说话，让对方卸掉压力，缓解紧张气氛。要达到这样的要求，我们可以在坐着打电话的时候，在办公桌上放一面小镜子，边打电话边对镜子微笑。我们通过测试发现，即使你打电话的时候并不是真的笑，只要你的面部肌肉看上去是微笑的，对方也会感觉到你在微笑。只要你坚持这样的做法一个月，必将会形成一种习惯，让你表现得更加自然。

其次是说话的语速要把握好。我们可以观察，凡是随和的人，说话一般都比较平缓，因此我们不仅要懂得笑着说话，还要时刻注意控制语速，尽量比对方慢一些。无论遇到什么情况，都要让自己记住放慢呼吸、放慢语速，从而缓解大脑的受刺激度，提高沟通的有效性。

最后是着装打扮要沉稳大方。衣服的样式不一定要很好看，但要简洁大方。我们可以试着模仿四五十岁人的风格。在衣服色泽、着装搭配、发型、眼镜形状、抽烟的牌子、手机的风格等方面都要尽量向中年人的风格靠拢。

我们要知道，所有人都是靠外在的东西来研读沟通对象的内心世界的。如果我们要去揣摩一个稳重的人、值得信任的人给人的感觉是怎样的，我们可以通过哪些方面来感知他的这些特性呢？

只有通过外表、行为举止上的改变，我们才能塑造一个外在随和、值得信任的形象，这有助于掩藏我们的企图心。

与此同时，我们还应该在内心的修炼上下功夫。心理学的研究表明，个人的行为习惯一般可在一个月内养成。一旦我们有了努力改变的方向，我们就应该不断强化这样的感觉。通过行为习惯的改变，从而修炼我们的内心世界。

有了真诚为他人提供帮助的心，我们需要做的就只有在话术上下功夫，通过一步步的询问，寻找对方的需求点，并将我们能提供的帮助与之对接，从而在帮助的过程中达成有效的合作。

第八章

服务将成为解决一切销售问题的法宝

我在从事营销策划和创业咨询的时候，会接触各行业的从业人士。在与他们沟通的过程中，我首先会问的第一句话往往是："您是做什么的？"

以往遇到这样的问题，很多人的回答都各有侧重点。我通过总结分析，发现所有回答可以归为两类：

一类人强调自己从事的行业，比如：做金融、贸易、服装、餐饮等。

另外一类人则强调自己的产品，比如：卖牛仔裤、卖火锅、卖苹果等。

随着时间的推移，近年来很多人已经将自己的主营业务归类为服务业，"我是做服务业的"已逐渐成为很多生意人士的口头禅。这种现象的出现，说明已有相当一部分人将服务视为经商活动的重要方面。

在欧美发达国家，服务业占国民经济生产总值的比例往往在70%以上。服务业在国民经济中所占比例的高低，成为衡量一个国家经济发展水平的重要标杆之一。与此同时，生产和销售行业中的服务环节，也成为一个企业是否具有广阔发展前景的重要衡量因素。

我们在此不去分析服务业的宏观发展趋向，而是重点关注生产或销售行业中服务质量如何提升，以为更多的朋友提供帮助。

现在，越来越多的人开始意识到服务的重要性，并逐渐下意识地转变自己的服务心态。

这种现象说明，无论从事哪个行业，经营什么产品，我们都必须面对服务的问题。尽管很多人在生产、销售领域中对相关服务都投入了较大精力，但是仍有不少人对服务的本质及其对企业发展带来的促进作用认识不足。

为此，我们将在本章中着重探讨服务对于企业发展的重要性，揭示寄生营销如何利用服务来促进企业占领行业制高点。

第一节　服务的本质是帮助

谈到服务，每一个生意人都明白它的重要性，只是搞不清楚重要到什么程度，也不清楚需要做到什么程度。所以很多人在面对服务对象的时候，都很难分清到底做什么是对的，做什么是错的。

大多数情况下，人们仅凭一个模糊的感觉来衡量服务的好坏，既没有清晰的指导思想，更没有清晰的衡量标准。我希望寄生营销学的服务营销理念可以帮助您改变这种状况，让您的服务可以帮助您轻易成为当地，甚至是您所从事行业的“第一名”。

与此同时，我们希望我们提供的策略和理念可以帮助您这个“第一名”在很长一段时间内都占据着消费者的认知，让您的竞争对手即使费九牛二虎之力也超越不了。要实现这个梦想，并没有您想象的那么难，寄生营销学可以帮助您。

在进入具体的服务营销体系之前，我们首先要弄清服务的本质。上文提到，很多人难以对服务作出清晰的定位，都是源于对服务的本质存在认知偏差。

我们知道，人是社会化的群居动物，无论是心理层面还是生理层面的需求，我们都必须通过别人的帮助才能够生存，因此可以说，得到别人的帮助是人类的一种共性需求。

（图片来源：http://www.parmaleaks.com）

从某种意义上说，这种帮助就是其他个体为你这个个体提供的一种服务。寄生营销学认为，服务就等于帮助。

既然得到别人帮助是人类的共性需求，那么所有做生意的人能赚钱的共同规律就是满足别人获得帮助的需求。这个共性可以让世上所有一切销售用一种方式来解决所面临的一切问题。

我们知道，随着科技水平的发展，信息传播的速度不仅加快，而且受众面也更加宽广。行业信息差异化的减少，导致了产品同质化越来越严重。产品的差异性逐渐被科技和信息平等所消除，这最终促使市场竞争的急剧恶化。

事实证明，在市场竞争白热化的今天，对产品的投入已经难以让我们在同行业中找到异于其他商家的突破点。面对这样的趋势，如果我们一味地在产品的品质和性能上寻找突破点，那不仅要消耗大量的资源，还有可能得不偿失。

所以要想超越对手，就要从产品以外的因素着手，而其中最重要的就是服务。服务必将成为差异化最容易实现的手段。

寄生营销和服务之间的关系

我们先从服务是什么来了解服务营销这个主题。

我们先来看看服务是一个什么样的概念。

百度百科道有一段对服务的解释：

> 服务是指为他人做事，并使他人从中受益的一种有偿或无偿的活动。不以实物形式而以提供活劳动的形式满足他人某种特殊需要。

这个解释里面有一个很重要的概念：有偿服务和无偿服务。其实，这是对服务的一个曲解，所谓的有偿服务不过是一种无形产品而已。

以赢利为目标的服务，不过是借助服务这个“羊皮”来包装无形产品，所以说有偿服务其实是一种无形产品的包装借口。

我想跟大家分享的是一种真正意义上的服务，是一种不需要回报的行为，是完美满足人性需求的一种至高无上的新的服务理念。

如果从产品这个角度来看服务，服务就是一种免费产品，顾客可以享受它的价值，却不需要为它付一分钱。免费产品是寄生营销学对“服务”的另一种解读，使大家对“服务”有一个清晰的定义。

服务既然是一种免费产品，那么这种产品存在的目的是什么？我经常在课堂里问学员这个问题。经过总结，我们发现有四类答案：

（1）服务是为了提高消费者的信任程度。

（2）服务是为了提高产品的价值。

（3）服务是为了提高消费者的重复消费率。

（4）服务是为了提高消费者的转介绍频率。

应该说以上答案都非常有道理，但问题在于，这些说法如何来指导我们具体的服务行为？为了便于落地实战，寄生营销学按照接触时间的先后顺序，把服务分成三个阶段：售前、售中、售后。

我们之所以这样分，是因为企业经营活动有一个共性目标，那就是赢利，而所有的赢利都是建立在成交基础之上。因此以成交作为参考点，成交之前的服务行为是售前服务，成交之后的服务行为是售后服务，成交当中的服务行为就是售中服务。

售前服务的目标是提高信任度，因为成交要建立在信任基础之上。

售中服务的目标是成交，因为服务会提高受众的当下感觉，可以促进成交。

售后服务的目标是提高满意度，因为满意度高会激发消费者产生两种行为：重复消费和转介绍。

这种理念来源于寄生营销对成交的认知。因为任何成交都必须建立在信任的基础之上。顾客不是相信了自己的判断，就是相信了你的陈述。不管相信你还是相信自己，他总是要产生一个足够驱动自己完成购买行为的信任基础，这就是人性。人性是在固有的环境下，因为需求而产生出来的天性，是人类行为的原始动力。

人类需求分成两部分——需要和追求。满足需要层面的需求，单一信任就可以驱动成交行为产生；满足追求层面的需求，需要复合信任才能驱动成交行为产生。

很多商品，特别是满足需要层面的商品，顾客只需要相信自己，就可以产生购买；而一些属于追求层面的产品，则必须建立在相信你又相信自己的判断的基础之上，才能产生购买行为。

那么请各位思考一下，成交之前我们需要干什么？是不是必须要先建立信任度？所以在我们接触到客户之后，在信任度没有完全建立之前，不能进入成交环节，不要主动驱使客户成交。但是在做销售的过程中，大部分人都是想着成交，几乎都忘掉了“信任”两个字，忘掉了成交的基础，而这最终阻碍了成交。

寄生营销学倡导的是一种“种利得利”的商业行为，而“种利”的行为，就是服务行为。这种行为因为打造的是一种免费产品，自然很容易产生吸引力，最终引导顾客产生成交行为。

帮助是每一个人都需求的，也是每一个人都感觉最缺少的，帮助的重点是被帮助者的利益，并且这个利益和帮助者自身的利益没有直接的联系。这种无利益需求的帮助行为最容易让被帮助的对象快速产生信任感。

在当前的市场环境下，大部分的服务形式都是发生在售中，售前服务在整个营销行为中所占的比例极低，甚至可以说，在绝大部分的行业中几乎没有。而售后服务，知道的人挺多，但是目前的状况只是雷声大雨点小而已，能够做好的企业凤毛麟角。

售中服务绝大多数企业都很重视，为什么会出现这种情况呢？其实道理很简单，因为售中服务可以提高产品价值，会加速成交，短时间就可以实现收益。

我们在餐饮店里面享受的服务就属于售中服务范畴；我们去服装店里购买衣服，它所提供的一系列服务内容，也是售中服务；我们去电器城采购空调，商家提供的送货上门和免费安装也属于售中服务范畴。

售中服务往往是产品不可分割的部分，其服务的好坏直接表现在产品价值上。顾客衡量售中服务的标准往往是同行业的共性行为。所以，要想把售中服务做到最好，只需要做得比你的竞争对手好一点就行了。

我们可以去找一个行业中的标杆竞争对手，把他做得好的直接模仿过来。我们只需要做细节的简易优化，就可以超越竞争对手。

第二节 售后服务

为什么售后服务的目标是满意程度？我们都希望顾客成交以后，还会帮我们进行口碑宣传，或者会来重复消费。但是大家有没有想过，到底是什么动力驱使顾客产生重复消费和口碑宣传行为？

人们在购买产品的同时，对产品价值带来的好处会形成一种期望。这种期望被满足之后会产生一种感觉，这种感觉叫满意。

期望值越高，满意程度就越难提高。而产品有一定的局限性，往往很难满足众多消费者不一致的期望值。服务可以提高人们对产品价值的体验，良好的体验可以快速提高满意程度。重复消费和口碑宣传都是建立在满意的基础之上的，而满意度是建立在期望值被实现或者被超越的基础之上的。

如果我们假设期望被实现，满意度是100%，那么如果期望被超越，满意度就会超越100%。这个观念很重要，将会成为寄生营销服务系统的一个衡量标准，用以衡量服务价值的高低。

因此，顾客产生重复消费和口碑宣传行为有两个原因：

一是产品的价值让他的期望被实现甚至被超越，产生100%的满意度。

二是产品的价值没有实现他的期望，但是，在相同条件下，你的满意值是消费者认知中最高的。

（图片来源：http://tupian.hudong.com）

综上所述，售后服务的目标是满意程度，追求满意程度最大化是售后服务的指导思想。把服务分成售前服务、售中服务和售后服务的目的是为了让服务有比较清晰的目标和判断标准。

这三种服务形式，目前的状况是：从整体上来说，售前服务，大家还没有这个概念；售后服务，大部分商家虽然明白，但是深度远远不够；售中服务，早就是商家的重点，竞争已经进入白热化状态。

寄生营销学提倡差异化思维模式，剑走偏锋，寻找最有效的服务解决方案，追求实现别人做不到的效果。所以，我将针对售前服务和售后服务进行解读，让您轻松实现超越竞争对手的目标。

售前服务和售后服务虽然目标不一致，但是，我们发现服务有一个共性，这个共性就是服务是一种行为，并且是一种沟通行为。而沟通有一个共性目标：缩短人与人之间的心理距离。最容易完成这个目标的方法其实就是“无私的帮助行为”，所以说服务行为的共性是“无私的帮助行为”。

在成交之前，我们做的广告宣传等营销活动其实就是一种沟通行为。营销也是一种服务行为，能帮助人们更方便、更轻松地实现自己的期望。

如果你没有意识到营销其实也是一种服务，你的营销效果将会大打折扣。不管你想传播什么信息，你都希望人们相信这个信息。所以，既然营销的目的跟售前服务的目的是一致的，那么“营销等于服务”就好理解了。

前文讲了服务的一些常识，但是服务的本质到底是什么呢？

服务是一种行为模式，它是一种具体的、可以被识别的行为，是可以被人认知、感知、感觉的东西。它并非虚无缥缈，也不只是个概念、意识，它是一种可以让别人产生感觉的行为模式。

不管是售前服务、售中服务，还是售后服务，它都是为了最终帮助顾客更好地享受价值，帮助顾客实现他心目中的期望。

当你发现自己谁都帮不上忙的时候，你会不会觉得活得没有任何意义？我们既然知道服务等于帮助，那么产生帮助行为的思想起源点在哪里呢？具体的表现形式是什么呢？通过哪些标准来判断这种帮助是不是有效呢？我们不会无缘无故去帮助别人，因此你一定有自己的原则。企业的服务行为必然针对的是产品的目标受众。帮助是一种“种利”的行为，只有这种行为才能让我们期盼的“得利”得以实现。佛是普度众生的，可以帮助所有人；但我们毕竟是人，我们没有办法像佛一样法力无边。那么，我们可不可以学习佛的行为模式，用佛的方法去帮助目标人群呢？

服务的指导思想

服务需要一个合理的指导思想，这个指导思想可以指导我们树立正确的思维模式和行为模式。那么，服务的指导思想是什么呢？改革开放之前，各行各业都没有一个清晰的服务指导思想。我记得以前崇尚“为人民服务”，但是因为没有衡量标准，所以那只是一个口号。

后来，随着改革开放的不断深入，服务行业开始从西方引入一个指导思想——“顾客就是上帝”，并且逐渐被公众认同，最终成为一个固有的公众认知。

90%的人都认为“顾客就是上帝”是对的，随即产生了很多具体的服务行为，这些服务行为都是以其作为衡量标准的。我们在服务行为的设计过程中，也是以这个为指导思想的。

这个指导思想指导了服务方向，指导着我们如何去服务，指导我们用什么态度去面对客户，甚至指导你用什么具体的行为去面对顾客。

（图片来源：http://merge.bbs.cctv.com）

我仔细分析后发现，如果“顾客是上帝”成为指导思想的话，就没有办法清晰辨别我们的具体行为模式的好坏，因为谁也没见过上帝，从来没有跟上帝打过交道，这个指导思想无法判断服务行为的对错。所以这种指导思想的提法就是有问题的。

如果我们从事实的角度来观察，我们会发现在生意交往的过程中，最好的客户，最后都逐渐变成了朋友。所以，寄生营销学提倡“顾客是朋友”作为服务的指导思想。

如果以“顾客是朋友”为服务的指导思想，我们就很容易判断出服务行为的对错。如“欢迎光临”这四个字在服务业中使用频率就最高。

如果我们以“顾客是上帝”作为指导思想，那么“欢迎光临”这个词是没有对错的。因为我们没有跟上帝打过交道，不知道和上帝见面的时候是说“欢迎光临”还是说别的语言更合适。

如果客户是朋友的话，那么这句话肯定错了，因为在中国人的传统习惯里，见到朋友一般不会说“欢迎光临”——在中国人的意识里，这句话不过是一句外交辞令。

另外，“顾客是上帝”这句话把商家和客户的关系变成了上下关系，这种区分方式是会产生沟通障碍的。“顾客是朋友”把商家和客户的关系变成了平等，这种平等有助于消除沟通障碍，缩短心理距离。

第三节　服务是最好的沟通行为

沟通是为了缩短人与人之间的心理距离，但是，“欢迎光临”这句话并没有缩短心理距离的作用。有些企业用鞠躬这种迎宾方式也一样不会缩短商家和客户之间的距离，搞不好，还会拉大商家与客户之间的距离。因为现在的中国人没有这些行为习惯。鞠躬这种行为在日本就能行得通，因为日本人习惯鞠躬，鞠躬在日本就是一种被普遍接受的礼仪。现阶段的中国，鞠躬违反了“服务是朋友”的指导思想。

如果用“顾客是朋友”作为服务的指导思想的话，我们就可以轻易地判断出每一种服务行为，甚至可以衡量每一句话是不是符合指导思想。

因为服务的指导思想是朋友，那么你就可以用待你最好的朋友的方法去衡量你跟客户之间的服务行为模式。当一个指导思想可以去指导具体的行为模式的时候，它就有了存在的价值和不同凡响的意义。

朋友之间交往最重要的是什么？当然是关心！所有的帮助的行为都是产生在关心这个基础之上的。关心是帮助这种行为的思想起源点。帮助会让我们的目标对象产生一种被关心的感觉。所以说，最好的服务衡量标准就是让我们的服务对象感觉到被关心。

每个人都要检讨一下，我们的服务指导思想可以用来衡量每一种服务行为吗？每一种服务行为呈现以后，它是否让我们的服务对象感觉到被关心？沟通的重点是沟通对象的利益。服务等于沟通，那么服务的重点就是服务对象的利益。

服务的目的是使被帮助者产生一种被关心的感觉，不一定要帮助他直接地解决问题，这才是我们追求的效果，而我们每一个人都有足够的能力让其他人感觉到被关心。

所以，打造自己的帮助体系、打造自己的服务系统，其实是一件非常简单的事情。任何人都可以轻易的超越自己的竞争对手，因为我们的竞争对手没有看过的《寄生营销》这本书，并不懂这个道理。

打造自己的赢利系统和帮助系统

有了以上对服务的基本认知，我们就可以说，凡是可以让对方直接得到结果的，都可以将它打造成赢利系统；凡是可以帮助对方，但是不能直接获得结果的，应打造为帮助系统。有了这两个系统以后，企业就可以让销售变得简单、轻松起来。这就是寄生营销4.0版关于服务营销的核心思维。

在传统的销售中，大家习惯了首先是把自己的赢利系统特征介绍给对方，所以对方才会有很强的被推销的感觉以至于相互间的信任度非常难建立。

你辛辛苦苦推牛的屁股，可是你经常被牛踢，你却还在困惑被牛踢的原因，这是一种悲哀。当你真正明白了这个道理，明白了服务的目标、服务的理念、服务的行为模式的时候，你才会明白我们不一定非要这么干。我们要做的，只是让对方了解我们的赢利系统可以让他得到什么结果就行了。

同时，要让对方感觉到我们的所有行为都是帮助行为，使其感觉到被关心，这种感觉便会快速产生信任度，有了信任，成交便会变得非常简单。

需要别人的关心和帮助是人的天性，我们为什么不从这个角度去思考自己的服务模式，而是一味地去关心自己的利益呢？任何得利都来源于“种利”，帮助系统是“种利”的，而赢利系统是“得利”。打造属于自己的这两个系统，不断完美，它们便会改变你的人生。

第四节　引销系统

我从2010年4月15日开始，结束了寄生营销学的理论研究，开创了引销学。引销学的基础就是把寄生营销倡导的“种利得利”思维上升为指导思想，开创“种利得利”的商业思维，建立以因果论为基础的引销学商业理论体系。

从狭义的层面来看，引销不过是以帮助为行为模式，以关心为指导思想。我们接触一个客户，在与他成交之前，你只做帮助行为。在这个过程中，你设计付诸的任何行为，如果都以对方的利益为重点，就能很容易地快速地让对方产生信任、满意和被关心的感觉。这不仅消除了成交之前的所有障碍，让成交顺理成章，同时也消除了成交之后满意度下降的所有问题。

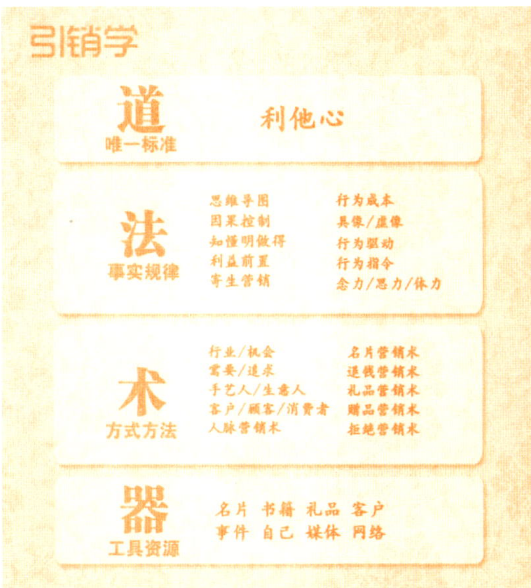

（图片来源：http://www.wujianfeng.com）

人们在购买一种产品的时候，他一定会对这种产品本身产生一个期望值。这个期望值，买完以后往往是不满足的占多数，满足的占少数。这就是为什么产品被购买以后，回头率下降了。这时你就要思考，你的产品本身能够让顾客达到哪个满意点。

为什么要去追求高品质的产品呢？因为我们首先得保证产品给顾客

的价值，他本来的期望值不会下降。当它不会下降的时候，提升就简单了。

商人给大家的印象一直不好，这是因为很多人的行为模式是错的，指导思想也是错的。正因为这些指导思想是错的，所以会呈现出这样一个认知：商人不骗人就不赚钱。这是不符合社会发展规律和人类心理需求的。中国有一句格言叫做：“做生意就是做人。”你会做人，就会做生意！

因此，引销学所倡导的销售必须建立在所销售的商品或服务具有品质的基础上。只有从帮助消费者实现其利益出发，我们才能真正从根本上改变商业价值观。

附录1 寄生营销四大版本重点分析表

重点＼版本	1.0版本	2.0版本	3.0版本	4.0版本
寄生媒介	物	事件	人	自己
思考重点	对目标有利	宿主传播性	行为动力	寄生价值
设计关键	广告载体	找新闻事件	行为与利益 的结合点	借力方向 资源整合
流程特点	流程简易	流程简单	流程复杂	设计巧妙
适合层面	差异化营销	病毒营销 嵌入事件	自动化营销 人性营销	借力营销
知识亮点	目标消费者 寄生媒介	公众认知 新闻事件	目标客户 动力设计	反向寄生 漏洞嵌入
优 缺 点	实用普遍 容易抄袭	设计不易 可遇难求	设计难度高 自动化程度高	设计极难 运行简易
研发进度	有模板 案例多	无模板 案例多	有模板 案例少	研发中 无案例
案例	闪电快餐 洗车合作 挂历广告 火机广告 医疗杂志	粥店营销 火炬接力 钓鱼岛事件 “5·12”营销策划 芙蓉姐姐	名片营销术 退货营销术 赠品营销术 拒绝营销术 温泉蛋策划	微软系统 盗版营销 木马设计 好莱坞大片 赵本山小品

附录2 寄生营销学专用名词解释

可见行为：

行为分成两个部分，一部分是可见行为，就是人们通过五觉来识别的行为。一部分是不可见行为，就是观念、思想、想法、方法等在心里的心理行为。

行为成本：

人们要达到某个目的，所耗费的有意识的行为努力，我们称为行为成本。潜意识和习惯行为是无意识行为，我们认为没有成本或者成本很低。

行为动力：

行为的动力有两种力，一种是压力，一种是引力。压力产生被迫行为，引力产生利益行为。压力往往是环境施加的作用力，我们叫行为压力。引力往往是获益需求产生的作用力，我们称其为行为引力。行为动力会驱动出具体的行为动作，如果没有产生，说明力量太小。

行为指令：

行为指令就是用可识别行为给受众一个行动指示，指示受众做出一个具体的行为动作。

行为理由：

在人们采取行动之前，给一个具体的合适理由，叫行为理由。

行为障碍：

人们为了某个目的，行动中产生的行为成本就是行为障碍。降低行为成本就是消除行为障碍。

行为意图：

行为都会带着目的和企图，其意图会通过语言和肢体语言被受众感知到。行为的企图心太强、目的太明显，就会阻碍沟通和传播。

公众认知：

公众认知指人们在环境相同和时间相同的影响下，构建起来的共性认知。

行为识别：

通过可见行为在人们的意识中产生的认知，我们称之为行为识别。

习惯依赖：

根据心理学习惯养成的研究，人们在固定的环境中重复接触次数达到某个值，就会形成一种新的习惯。寄生营销学利用这个原理来建立人们对某个产品的习惯依赖，以此来消除成交障碍。

传播力：

传播力就是信息本身所具有的传播特性。行为成本越低，行为障碍就越低，传播力就越高。行为动力高，传播力就高。公众认知中有，传播障碍就低，传播力就高。信息和公众认知相反，传播力也高。

成交力：

成交力是产品本身所具有的成交优势。成交力的优化，主要从两个方面进行努力：一是消除成交障碍，二是打造成交动力。

转化力（转化成本）：

人们的认知、情感、意志都是按照观念导出思想，思想导出思路，思路导出方法，方法导出行为的过程来转化的，每一次转化都需要付出努力，我们称这种努力为转化成本。降低转化成本是提高转化力的方法之一。

寄生营销对文化的解读：文化就是通过五种感觉：视觉、听觉、嗅觉、味觉、触觉（简称五觉）进行感知后，在脑海里形成的一种认知。统一言行举止，就是企业和团队打造企业文化和团队文化的捷径。也就是说，所谓的企业文化（团队文化），就是企业（团队）的言行举止给公众的一个共性认知。

附录3　毛俊程老师微博语录

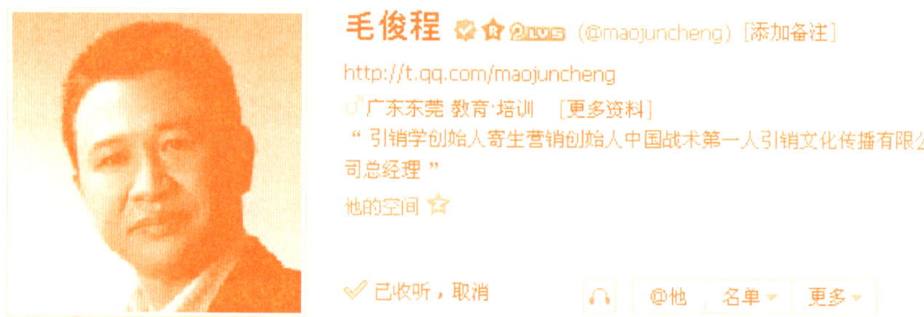

1. 修炼自己的行为习惯，让任何人都看不到“利益”两个字。

2. “种利得利”是寄生营销学倡导的行为准则，把“种利”变成你的行为习惯就是天底下最有效的成功秘诀。

3. 学习的指导思想：创业者多学，经营者多借。

4. 假若一次只做一件事的成功率是100%，那么一次同时做两件事的成功率就只有10%。如果同时做三件事，成功率就只剩下1%。各位，你明白了为什么你付出了努力而没有回报的真实原因了吧？

5. 作为父母，你这辈子最最重要的就是，让你的儿女养成“先开口大声说”的好习惯。

6. 老板的做事风格：先找谁会做，找不到才自己做。只做自己会的，把不会的交给会做的人做。

7. 应收人情账款是每一个业务人士的必杀技。

8. 帮别人得到他想得到的，你就得到了你想得到的。

9. 细节不对，努力白费。

10. 行为成本是寄生营销设计的重要因素；行为动力是寄生营销设计的关键因素。

11. 什么是行动？要想行，必须动。

12. 营销有一个衡量标准，就是你的营销是不是驱动人们做一个具体的行为，也就是说，你是否在营销过程中下了一个行为指令。

13. 寄生营销设计模板可以帮助你把营销设计复杂思考的过程变得简单清晰而富有效率。

14. 寄生营销是目前营销策划界最容易掌握、最容易实施、最聚焦精准、最自动化的一个营销设计体系。

15. 失败的原因×小成功=大成功。

16. 目标消费者——消费群里成交效率最高的消费者。

17. 越复杂、越有道理越没用，越简单、越容易复制越有效。

18. 数量×质量=结果。

19. 任何一件事情的成功有两个重要因素，一是谁做，二是怎么做。

20. 把一本好书读100遍，比读100本好书一遍强100倍。

21. 再好的培训也无法改变成功者的比例，只能改变成功的效率。

22. 成功者的特质：行动之前不思考，失败之后不抱怨。

23. 行为动力的设计目的是可以让受众产生指定行为。

24. 营销就是企业驱动消费者产生消费行为的经营活动。

25. 你问周围朋友某个词语，如果十个人中有九个人说不知道，那么这是一个机遇；如果十个人中九个人都知道了，那这就是一个行业。创业者适合做行业，不适合找机遇。

26. 你今天可以做对的任何事情，都是你曾经做错过的。所以，要想快速成功，就要快点出错。出错越早，损失越小。出错越快，成功越快。想得越多，出错越少，成功率越低。行动前，想得越少，成功率越高。所以说，成功的秘诀就是“不要怕”。

27. 当一件事你老是感觉到需要付出努力，坚持做才会有结果时，就说明这件事你的成功率还非常低。

28. 可识别的行为模式在人们头脑里产生意识就是文化。

29. 知识不是生产力，文化才是。

30. 寄生营销与传统营销方式有什么不同？寄生营销和传统营销不一样的地方，主要体现在营销设计思路不同。寄生营销擅长从人性出发，采用“种利得利”的因果论原理来驱动顾客主动找你成交。

31. 寄生营销如何设计？要想设计好寄生营销，首先要针对你的目标市场进行消费需求的市场调查。并且，还要针对你的竞争对手进行营销行为调查。有了这两种调查结果，才能设计好适合你和你选择的那个细分市场的寄生营销方式。

32. 创业者必须解答三个问题：第一，你喜欢干什么？第二，你会干什么？第三，你现在能够干什么？

33. 寄生营销的优势在哪？自动化营销最突出的特点就是，你的营销“媒体”会主动协助你把你要传播的资讯传播出去，不需要你付出行为努力。

34. 寄生营销就是：让你的营销活动具有很强的行为驱动力，驱动营销受众按照营销策划的目标自动产生行动。它是自动化成交系统的前端，属于售前服务范畴。

35. 管理就是控制，控制是为了结果，结果由行为造就，因此，管理就是控制行为模式。可以控制的行为都是可识别的行为，因此，可识别的行为才可以管理。

36. 赞美是一种好习惯，这种习惯会让你不管做什么，都将会无往而不利。

37. 从人性的角度讲，不要向陌生人销售价值高的东西。

38. 解决问题的方法永远比问题本身多得多。

39. 每次只做一件事，每次只想一件事。这就是世界上最简单的成功秘诀。

40. 定位就是树立衡量标准，就是确认事物的起源点。目标是行为的终点，是行为成本获利后的结果。

41. 在同等单位时间内，做一件事的难度是一倍，做两件事的难度是十倍，做三件事的难度是一百倍。

42. 帮助他人最有效的方法是成为别人的榜样。

43. 一切结果都来源于行为模式。

44. 观念导出思想，思想导出思路，思路导出方法，方法导出行为，行为导出结果。

45. 观念是慢慢转变的，思想是逐渐成熟的，思路是在不断学习中渐渐养成的，方法是需要你善于转化，有很强的举一反三的能力才可能得到的。你只需要知道什么是有效的行为模式就好了，因为成功的结果只有行为才可以得到，只有这个才是捷径。

46. 做自己会做的，把不会做的交给会做的人做，是成功的捷径之一。

47. 想让你的生意做成自动化，你必须首先解决两个问题：第一，找到你的客户需求的简单识别方法，让别人一看就明白。第二，设计一句话让你的目标客户一听到就想找你。

48. 刻意出丑是快速成长的捷径。

49. 不要用自己的认知去衡量别人的认知，不要用自己的观念去衡量别人的观念，不要用自己的价值观去衡量别人的价值观。

50. 广告设计有四个标准：第一，以美为衡量标准。第二，以创意为衡量标准。第三，以记住为衡量标准。第四，以口语传播为衡量标准。

51. 做人讲究言行举止待人接物，做企业讲究团队精神品牌文化。

52. 经验形成主观意识就会成为阻力，经验形成客观意识就会成为动力。

53. 能力有两个因素，内因表现在学习能力上，外因表现在经历上。

54. 不相信是一切事情进展的最大障碍。

55. 网友问：毛老师，请问怎么提高自控能力？我答：提高自我批评的频率就可以。

56. 作为管理者，当你感到管理不住的时候，首先要思考的是管理方法的问题。

57. 成功的前提是重复，高频率重复是快速成功的秘密。高频率的前提是简单，简单的重复才能快速形成习惯，习惯是自动化成功的前提条件。

58. 当你感觉自己在拼命坚持、努力的时候，证明此时上帝就在你身边，他只想悄悄提醒你：你的方法不对。

59. 排他性特征和相关性特征如何显现是企业营销效率提升的关键。排他性特征是用差异对比的方式来找到。相关性特征是站在市场需求的角度来寻找未被对手显现的重点进行强化。

60. 引销学的销售属于感性，西方的销售属于理性。感性销售以打动人心为衡量标准；理性销售以价值塑造为标准。感性销售以描述的手法来设计话术，理性销售以陈述的手法来设计话术。感性销售以感觉需求为导向来设计销售流程；理性销售以工作行为为导向来设计销售流程。

61. 一个人不自信，一定很自我；一个人自我，一定不自信。

62. 成交的引力是价值，价值的动力是占便宜，占便宜的前提是有条件。成交的压力是风险，风险的意识大小靠信任的高低来解决。

63. 先介绍高端产品，后介绍低端产品，让对象形成对比感受，实现控制感觉的目的，让销售对象真的体验到实惠这种感觉。

64. 营销其实就是生活中的常识在商业环境中的实战应用。学会生活，就会营销。

65. 好汉不提当年勇，如果一个人老是提起当年勇就说明这个人不是好汉。

66. 影响目标对象的消费选择是一个销售人员最基本的工作能力，也是把服务和销售进行分别的衡量标准。

67. 管理人员不能进入角色，最大的障碍是因为岗位职责不清。由此造成的结果是，看问题的高度不够，只能看到问题的表象，看不到问题的本质。

68. 企业一切活动都必须以效率为终极衡量标准，也就是说，效率才是企业管理的重点。效率管理要落地，就只要管理两个重点，一是关键数据节点，二是节点与节点之间的转化率。

69. 判断一个好的手下有一个核心的标准，这个标准就是其是否百分百相信你。

70. 不能被体验的品质是没有市场价值的，企业追求不能快速体验的品质是企业必死的核心原因。

71. 主观是纷争的缘起，修行到自己不主观，才能客观地看待人、事、物，客观才有可能推理到事实本质并下结论。通过结论来思考推演才是以道御术的法门。

附录4　毛骏程老师简历

毛俊程，引销学的创始人，中国策划协会副秘书长，现年43岁，是一名从一线实战出来的营销专家。毛老师在自己20年的实战中，以一切行为的动力是利益为指导思想，以人的本来天性为基础，在“结果思维导图”的指导下，以佛教“因果论”作为理论体系，把儒教的“孝爱天下”作为思想原点，以易经核心价值“简易、变易、不易”作为行为模式，用“事实反向思维”分析环境现象，开创引销理论。

引销理论是从中国古代圣贤的传世绝学中提炼出的一个具有五千年文化底蕴的销售理论体系。这个理论体系倡导“种利得利”的商业思想，推出以“结果”为导向的“速赢体系”，致力于打造一个以“目标必达”为价值观的“速赢企业智囊团”。

目前担任的职务：

中国策划协会副秘书长

深圳引销文化传播有限公司总裁

南宁引销文化传播有限公司副总

广州引爆点销量策划有限公司副总

广州国华美容管理有限公司副总

广东惠州辉达汽车销售集团公司顾问

广东东莞摩力斯磁能科技有限公司顾问

浙江自力工贸有限公司顾问

冠军论道企业家协会副会长

速赢商学院副院长

无忧培训特聘讲师

个人履历

毛俊程老师是来自江西赣州的客家人。作为引销学和寄生营销的创始人，毛老师虽只读到高一，但却有着传奇的人生经历。二十几年来，他先后从事过三十多个行业。

1. 技术类：

桩基础建筑　电器维修　安防监控　企业内线系统　卫星接收　模具设计　电脑维修　CAD培训　CNC　加工中心　慢走丝切割　投影扫描　五金模具制造　电子产品结构工程师　交换机调试

2. 业务类：

电子厂材料采购　内线电话系统推广　模具厂的业务主管　办公用品推销员　水处理设备东莞总代理　纸箱厂业务主管　程控交换机业务

3. 经营类：

1989年做过钢材生意

1990年在南昌做建筑包工

1994年在深圳宝安开电子通信公司

1995年开过餐厅

1997年在深圳中国第一条高速公路做收费系统安装与远程监控

1998年协助朋友创建五金厂

1999年从事农业无土栽培（东莞第一家盆栽豆苗生产供应商）

2000年成为东莞第一大超市蔬菜水果供应商

4. 培训类：

2007年正式进入培训行业，最先推出“先培训后付费”的培训模式，并最先承诺终身退款

2011年成立引销文化传播公司

在多年的创业实战中，毛老师在每一个行业中都能够快速地找到简单有效的方法，迅速超越竞争对手。这不是因为毛老师聪明，而是他快

速找到了简单有效的学习方法。

例如：

（1）1995年，从未接触过电脑的他，在7天时间内就熟练掌握了CAD绘图技术，并把自行设计的一张模具图纸送到生产线去生产。

（2）2002年，他经营花生的时候设计了一种全新的包装，并配套新的销售方式，用一个月的时间就达到了只要进入当地的任何一家卖场，就让正牌、杂牌，包装和散装的花生难以与之竞争的程度。

（3）2007年进入砂锅粥培训行业，只用了一年半的时间，他就从一个从来不会煮粥的人到获得了中国食文化研究会颁发的粥品行业中国第一个“中华食神”称号，两个月之后又获得中国唯一一个“中国粥文化大师”的称号。

以上几个案例体现了毛老师一贯的做事风格：一次只做一件事，强调聚焦力量的威力。他最擅长的是把复杂的事情简单化、流程化、模式化，能在纷繁的表象中快速找到行业规律，优化出解决方案。

近六年来，毛老师探索自动化营销模式，其中最重要的就是引销体系的建立。这一理论体系颠覆了以自我利益为中心的营销模式，在他者利益前置的前提下进行一系列的营销流程设计，最终的目的是在帮助他人获利的情况下自己自动获利，实现赢利自动化。

目前，以毛老师为核心的引销学研发团队正围绕销售型企业的业绩提升问题进行集中研发与培训，毛老师的团队敢于向企业郑重承诺：通过引销团队的评估与策划，在不增加投入的情况下，帮助销售型企业在12个月内实现业绩翻一倍，否则分文不取！

获得荣誉

（1）2009年，在中国食文化研究会举行的厨艺大赛中获得唯一一个“中华食神”称号。

（2）目前国内唯一一个被授予“中国粥文化大师”称号的培训讲师。

（3）广东电视台专访餐饮创业培训讲师 。

（4）中国策划协会特聘营销顾问。

（5）中国策划协会副秘书长。

（6）冠军论道企业家协会副会长。

请百度搜索《寄生营销》这本电子书，其中记录了大量毛老师亲自指导操作的案例。

主要作品：

《寄生营销——低成本营销策略》，广州：广东经济出版社2012年。

《唤醒销售的力量》，深圳：引销文化传播公司2011年6月刊印。

《开店创业之天龙八部》，“开店创业培训课程”DVD套装。

《自动营销策略》，“引爆式营销策略培训课程”DVD套装。

座右铭

塑造被别人利用的价值，创造为别人服务的机会。

个人网站

引销学主页：

http：//www.yinxiaoxue.com.

引销学官方空间：

http：//user.qzone.qq.com/969293126/main.

引销学微博：

http：//t.qq.com/maojuncheng.

附录5　引销学官方空间文章精选

狼性销售与羊性销售

——从引销学反思中西商业价值观

前　言

改革开放以后，西方的销售理念逐渐引入中国。伴随着市场经济的发展，西方销售理论中的狼性销售理念获得国内销售业界的广泛认同。如今我们只要一留心，就会发现各大书店中举目皆是倡导狼性销售的书籍。加上各种倡导狼性销售理念的培训活动，是否拥有“狼性”已俨然成为一名销售人员或一支销售团队是否具有效率、是否具有发展前景的衡量标准。

在“满目皆狼”的中国销售业界，很少有人对狼性销售进行深刻反思。为此，我们通过案例和理论分析，在揭示狼性销售本质的同时，提出羊性销售的概念，希望对广大读者有帮助。

一、在“狼群”中发现“羊”：来自电子商城的案例

2012年7月29日中午，我同事和他的一位朋友到广州市天河区岗顶的电子商城买手机。出了岗顶地铁站之后，他们就直接走进百脑汇。刚一进门，迎面而来的就是铺天盖地的销售人员。众多销售人员手里都拿着当天的一张报价单，用超快的语速大声对他们“喊话”：

“靓仔，过来看看手机啊，想要什么牌子呢？”

“老板，要买手机吗？我们这里有HTC行货，过来看看吧。”

“兄弟是来看手机的吧？到这边看看，我们这里什么款都有，过来坐坐了解一下啊。”

……

面对众多柜台各路销售“高手”的热情招呼，我同事买手机的热情

一下子降到冰点，恨不得早点飞离这个喧嚣之地。

后来他们想，其他百货商城卖的手机比较贵，这一带几个电子商城的价格比较便宜，于是耐起性子到另一个电子卖场再看看是否有合适的商家。穿过嘈杂的人群，他们来到总统数码二楼，那里依旧有很多超热情的销售人员不断地招呼顾客。

虽然他们很反感这种销售方式，但为了了解市场价，他们还是选了一个柜台和销售人员谈。在简单了解了想要的牌子和款式的价格后，本想向销售人员了解机子的相关性能，孰料那位销售人员一边和他们说话，一边又"热情"招呼路过的顾客。他们感觉就像被敷衍一样，一气之下走开了。

在匆匆躲过几个柜台的围堵之后，他们看到靠里面的一个柜台的销售人员显得很安静，有一两个正在为刚买手机的客户安装系统配套软件。其中一个帅哥看到他们走近柜台看机子，就用很平静的口气问他们：

"两位需要什么帮忙吗？"

"我们想买2000元左右的手机，HTC和华为都可以。"

销售人员："2000元左右的手机我们这里比较畅销的有HTC的T328W和华为的U8860，这是HTC的模型机，今天报价1980元，有移动和电信两种定制机。华为的机子我们没有模型机，要确定买才能开包装看真机。"

"HTC如果是定制机我们就不想买了，那U8860卖多少钱？"

销售人员："我们今天的报价是1730元。"

"能不能拿真机给我们看看？"

销售人员："两位实在不好意思，我们公司规定确定要买才能拆开包装看机子，因为华为没有给我们提供模型机。不过看你们比较诚心买，我帮你们申请一下开包装。"

"那就麻烦你了。"（由于他们在网上看过介绍，感觉这款机子还不错，因此想只要质量可以就买了。）

他们看好真机之后开始和他谈价格。

“这款手机性能还不错，价格方面是否还可以优惠点呢？”

销售人员：“这已经是我们最优惠的价格了，如果你们觉得贵，我建议你们先到其他商家那里去看看，对比之后再决定买不买。”

在来到这里之前，他们查了网上的报价，也看了其他两三个商家的报价，都在1900元左右，所以他们感觉他提供的这个价格基本上符合心理价位，就没再坚持和他讲价，而是要求他送内存卡等配件。

他刚开始觉得有点为难，不过还是给了他们一个4G内存卡、一个手机套和一张贴膜。交款之后，整个交易过程就顺利完成了。

在贴膜和下载软件的过程中，我同事对他说：“我们之所以在你这里买，是因为你们柜台和别的柜台的人很不同，让人感觉没有那么大压力。”

他笑着说：“你们是觉得我这人看起来比较老实、比较不会骗人吧？”

我同事也笑着说：“不是，主要是你给人感觉比较平实，没有其他柜台的人有那么夸张的表情和语言，让人比较放心买东西。”

销售人员：“呵呵，你们放心好了，回去如果机子有什么问题，可以随时拿过来给我们检查。只要不是人为损坏、不刮花，我们七天内都包换。也欢迎你们介绍朋友过来看看。”

就在他们说话期间，我同事注意到，有不少顾客也陆续来这个柜台看手机，没多久也成交了，成交速度很惊人。

事后他们明白虽然在这个柜台卖的手机的价格并不是最低的，但是整个交易过程让他们感觉很放心、很舒心，没有被强迫的感觉。无论是产品的质量还是价格，他们买了之后都觉得很有安全感。

二、狼性销售vs羊性销售

从电子商城回来之后，整个电子商城令人窒息的嘈杂场景和成交的那个柜台安静的画面一直在我同事脑海里交替萦绕。后来他就禁不住和我讲起了这种现象。这触发我想通过比较系统的文字来梳理两种现象背后地销售理念。

我认为，电子商城大部分销售人员的销售行为正是狼性销售理念的最直接体现。狼性销售人员一般有以下几个外在特征：

（1）语速快，非常积极主动向客户推销商品或服务。

（2）以产品/服务为谈论中心，通过多方面展示产品/服务的性能，力图在短时间内说服顾客消费。

（3）注重同行比较，惯于将自己的产品/服务与竞争对手进行比较，强调自己的优势。

狼性销售是西方销售理论体系下的一种主流价值取向，也是目前中国销售业界最受推崇的一种销售理念，属于渔夫哲学的范畴。我们知道西方资本主义国家在近现代以来的扩张都是以掠夺资源、霸占市场为手段的，中国近代史上的百年耻辱就是西方的殖民扩张的结果。在这样的经济行为模式指引下的销售理念也是强调全力去“捕鱼”，而不管鱼本身的生物链是否遭到破坏。

受此理念影响，狼性销售的最大特点是成交的企图心非常强烈。受到狼性销售理念影响的销售人员多是站在产品的角度，以自我为中心，以成交为导向来与客户沟通。他们一切的言行举止都是从自我出发来引导甚至强迫顾客进行交易，体现出非常强的目的性、侵略性。他们潜意识当中的竞争对手是另外同样具有“狼”性的销售人员。

正因为这样的特性，狼性销售理念成为最受中国销售业界欢迎的销售方法。但与大多数人倡导狼性销售相反，我提倡运用羊性销售理念进行销售。我所创立的引销学本身就是一种羊性销售理念。

在深入解析什么是羊性销售理念之前，我们首先要破除一个认识误区，亦即：狼是积极主动的，羊是消极被动的。我们之所以有这样的误解，是因为我们只从自我的角度来看待问题。其实，我们看看喜羊羊和灰太狼就知道，喜羊羊和灰太狼都同样是很主动的，唯一的区别是灰太狼主动去捕食，喜羊羊主动去帮助同伴解围。因此羊和狼都是主动的，只是两者的出发点和方向大相径庭。即使在大自然中，羊群也同样很主动地通过迁徙去寻找水草，寻找最佳的栖息地。这说明羊在面对生存这个问题的时候，同样是非常积极主动的。

同理，我们在谈羊性销售的时候，不是强调一种消极的行为意识，而是强调主动的源起点和方向。引销学所强调的羊性销售理念是：销售要建立在帮助的基础上，要求销售人员站在行业的高度，以教育为导向，向顾客传播行业知识，塑造行业中的产品选择标准，帮助顾客选择最适合自己需求的产品。简单地说，就是在谈产品之前，首先要站在顾客的角度，了解他们的具体需求，帮助他们更好地选择适合自己的产品，而不是一味地去介绍自己所卖的产品的性能。

三、从狼性销售与羊性销售反思中西商业理念

如果说狼性销售是西方商业文化理念的一个集中体现之一，那么羊性销售就是从中国传统文化中孕育出来的一种销售理念。两者之间的最大区别在于对待自身企图心的基本出发点不同。相对于狼性销售理念，我们认为羊性销售具有以下几个优势：

（1）掩藏企图心，让顾客具有安全感。与狼性销售强调成交企图心不同，羊性销售的一大基本原则就是要掩藏企图心，从帮助的角度出发与顾客沟通，不给顾客施加成交压力，让顾客在交流的过程中拥有充分的安全感。成交企图心的掩藏可以让顾客感觉我们是在关心他是否能选中最适合他的产品，如此一来，对方若是不买我们的产品都会觉得不好意思。这体现了人性中最脆弱的一个环节：互惠原理。①

（2）拉近心理距离，快速建立信任度。心理距离是影响陌生人之间交流的重要障碍。在与顾客沟通的过程中，我们的帮助行为不仅让对方感到我们的关心，还能通过我们的话术呈现一种专业的形象，这两方面的存在，促使顾客很容易在短时间内与我们建立信任。②

（3）降低行为成本，容易实现可持续发展。狼性销售人员为了达

①［美］罗伯特·西奥迪尼著，张力慧译：《影响力——我们为什么说“是”》，第24～51页，北京：中国社会科学出版社2001年版。

②专业代表的是一种权威，权威也是最容易使人产生接受行为的重要因素。见［美］罗伯特·西奥迪尼著，张力慧译：《影响力——我们为什么说“是”》，第244～278页，北京：中国社会科学出版社2001年版。

到业绩要求，要不断地出击，在海量的流量中寻找目标。因此，成交率的维持和提升是建立在持续不断的努力基础上，而且在不断地伤害客户的感情。只要稍有懈怠，狼性销售人员就很难在激烈的竞争中生存和发展。故而，提倡狼性销售的人永远也摆脱不了生存的压力。羊性销售强调以帮助为重点，将顾客视为朋友，在实现成交的同时，也容易产生转介绍。随着顾客人数的积累，这种销售方式最终会形成一套自动化的销售流程，而不需要商家进行太多主动寻找市场的行为，这就大大降低了行为成本。

此外，由于狼性销售主要是站在自己的角度来向顾客推销产品，很容易伤害到顾客的感情，即使成交，也很难实现客户满意度的提升。而羊性销售强调的是帮助顾客懂得如何甄别相应的产品，让他们相信自己可以买到放心的产品。这样就顺应了顾客本身的心理需求，随着时间的推移而积累更多转介绍的客户，实现销售的自动化。

狼性销售理念将狼的特性无限放大，并通过众多培训师和管理者无条件地植入到每一个接受这种理念的人头脑中。所以大家都强调危机意识，强调市场嗅觉的灵敏度，强调团队合作战斗的侵略性，强调主动出击的重要性。[①] 这是西方商业价值理论中的一个重要方面。

羊性销售理念从中国传统文化中寻找逻辑起点，充分挖掘人性需求的基本层面，强调以他人的利益为先，在帮助顾客实现自身价值的前提下获利。我们之所以在日趋浮躁的今天谈羊性销售，不仅是为了寻找更好的销售途径，而且希望从实战中总结出一套更为完整的营销理念，寻找基于中国本土社会经济和文化传统下的新型商业理念。

---

①参见罗宇编：《狼性销售法则》，北京：地震出版社2005年版；臧其超：《打造狼性销售团队》，世界图书出版公司2012年版等。

结　语

本文结合相关案例讨论了狼性销售和羊性销售的本质、特点。我们认为，羊和狼在行为动力上都是主动的，只是狼是主动去捕杀、伤害，羊是主动去寻找生存的资源，为他人提供帮助。

狼性销售是基于西方渔夫哲学理念下的一种销售方式，强调自我的重要性，要求销售人员要具备侵略性、有敏锐嗅觉，并以成交为导向与顾客进行沟通，需要付出巨大的行为成本才能完成交易。

羊性销售的特点是中国农夫哲学思想的一种体现，强调的是“种利得利”，相信只有以教育、帮助为导向，塑造我们可被顾客利用的价值，我们的销售才能够实现行为成本降低、成交率提升，最终实现销售的自动化。

引销学：感性销售与理性销售

引销学从创立开始，就选择了一条自主创新的道路。为了不被西方的销售理论影响引销学的理论研发，我们尽量不接触以非中国传统文化为基础的其他销售理论，而是通过人性的直接感悟来推演引销学的思维模板和实战技术。

我一直标榜引销学是建立在传统东方哲学体系之上的一套思维框架，我也清楚西方销售理论体系和引销学理论体系的不同之处，只是一直都忽略了为引销学的销售理论作一个排他性定位。这篇文章，就是要对引销学的理论体系进行一个新的定位。

最近在为广东惠州辉达汽车销售集团公司做顾问的过程中，我接触了一大堆完全受西方销售理论体系熏陶出来的汽车销售行业的销售精英们。在销售技巧和销售话术设计的过程中，我深切感受到西方销售理论在中国这个土地上水土不服的状况。在为那些成长为销售精英的人们走过的一条艰难、缓慢、不断自我否定的漫长成长之路而感慨的同时，我也为刚刚入门的销售人员感到悲哀。

鉴于此，我希望经过我们引销学未来五年的努力，为中国众多的销售从业人员打造一个符合中国文化、源起于东方哲学的销售理论体系，让销售变得简单、易学、高效、速赢。

众所周知，销售是解决成交的问题，而成交是一种选择。一般的成交过程基本上都是遵循一个先理性分析，后感性决策的过程，但需要注意的是，这并不是一个必然的过程。

引销学认为人类是活在感觉中的一种生物，所谓的理性分析其实是一系列感性决策的过程。就本质而论，从表象层面来看没有什么真正意义上的理性分析。人们不过是自我感觉在作理性分析，其实背后却有一个感性的选择在作支撑。

西方销售理论的基本假设是人是理性的，通过这个假设来推演销售流程和销售技巧，以塑造价值为手段的一系列行为模式的组合。而引销学销售理论认为人是感性的，通过这个认知来研究人性规律，把人性规律作为销售流程和销售技巧设计指导思想，设计打动人心的一系列行为模式。

所以说，打动人心才是引销学销售流程和销售行为的设计标准。每一个动作、每一个话术都需要遵循这个标准。这是引销学的销售培训、销售策划的唯一标准。

那么，人类的心会被什么打动呢？这个问题也一直困扰着我。我们天天谈人性，只知道人性对销售有帮助，不知道人性如何具体帮助我们实现销售目标，这也造成绝大部分的销售人员不知道如何学习人性，更不知具体该如何应用。

我仔细推演了我们意识到的那些人类天生的各种天性，比如离苦得乐、天生懒惰、避重就轻、期望关心、争强好胜等，并且分析了一些人性销售的实际案例，我发现我们之所以研究人性最终是为了打动人心。

如果这个推演是正确的，那么我们就可以仔细来研究一下打动人心的具体方式。我从自己的消费体验中，去反观自己的内在，我发现：站在人类语言沟通的角度来看，人们要面对两种沟通方式——陈述和描述。

从人类感觉层面来看，人们会天生认为陈述是一种主观叙述方式，描述是一种客观叙述方式。从人心触动的角度来看，心在触摸到客观事实的时候会被打动。

如果这个推演成立，打动人心的销售就是用描述的手法来设计销售工具和销售行为。那么，到底什么是描述？什么是陈述？简单的理解就是：描述是非我说，陈述是我说。描述是事实借助我的嘴告诉你；陈述是事实通过我的思维加工后形成认知再告诉你。

综上所述，引销学认为销售是感性的，因此我们倡导的销售方式是通过描述的方式来展示受众所需要了解的信息。西方的销售理论认为销售是理性的，因此受此影响的销售人员往往会在受众面前塑造一种价值。感性销售以打动人心为衡量标准，理性销售以价值塑造为标准。感性销售以描述的手法来设计话术；理性销售以陈述的手法来设计话术。感性销售以感觉需求为导向来设计销售流程；理性销售以理性需求为导向来设计销售流程。

破解销售障碍的两大话术

只要有过销售经验的朋友都明白，我们所要沟通的对象总会有一大堆拒绝与我们成交的理由。因此，在所有的销售行为中，我们常会遇到客户不同的抗拒点。产生这种抗拒点的最大根由就是人与人之间的心理距离。面对各种拒绝的情况，我们只能从人最根本的心理需求层面寻找突破这些销售障碍的方法。

一、我专业，你放心——专业性话术的设计

如何在有限的时间内获得对方的信任？这其中是否有基本的规律可循？这些是我们在研发引销学的时候花了相当大的精力进行研究的内容。对于常人而言，判断传播信息一方的人是否信得过，首先是要看对方是否专业。

我们可以想象，如果我们要买一份养老保险，对方若能站在全球养老保险行业的高度来分析目前养老保险业发展的趋势，同时结合国内的具体情况来阐述其产品在市场中的优势所在，我们是否会更加信任他？

同理，我们在介绍自己的产品之时，首先要有一套显得非常专业的话术，如此才能让对方感觉到我们的诚意与能力。引销学与传统营销最大的区别之一就是将对方所需要了解的信息进行梳理与再整合，而非一味地强调自身的产品有多好。

比如我们在卖保健品时，最重要的专业性话术不是如何设计一套非常好的介绍产品的专用语言，而是首先让客户懂得如何甄别保健品的优劣。这样我们就从客户自身需求角度出发，呈现更为有用的信息。

透过以上信息的交流，客户就会在短时间内放下抗拒的心理，重新思考自身选择保健品时的标准。在此情况下，我们可以根据对方的需求进行相关的解释，告诉对方如何判断我们所销售的产品的优劣，让客户相信他们可以根据自己的能力来判断所选购产品的性价比与有效性。

因此，我们在设计专业性话术之时，首先要考虑两个层级：首先是与产品相关的行业信息与知识的分享；其次才是基于用户需求基础上的产品专业性介绍。

前一个层级的话术是以自我为中心而作的分类与陈述，但陈述的初衷是希望对客户有帮助。后一个层级的话术则需要考虑对方进一步的具体需求，遵循专业、对他有利的原则进行信息传播。通过这两个层级的推进，不仅让客户感受到我们对其需求解决的关心与帮助，也让客户在心理层面上自觉接受我们的产品。

在确立了两个层级的话术之后，我们的话术设计还要体现专业素养，但这并不意味着念专业术语。我们知道，人的记忆与认知度是有限的，比如人比较容易记住七位数的电话号码，超过七位数就相对困难，对新事物的接触更是如此。

因此，我们在对行业或产品进行相应专业话术设计之时，首先要考虑人的思维特征，遵循人对于事物的认知进程规律，寻找易于展示又容易理解的平衡点。一般而言，我们比较喜欢用分类的方法来对新事物进行划分，以方便区别与记忆。

就专业性的话术设计来说，我们首先要选好专业性话术的分类角度（如产品的制作工艺、分布区域或材质等），抓住行业核心点，然后进行三级的分类陈述，第一级一般分为两种（比如玉分两种：硬玉和软玉），第二级分三种，第三级也可以分为三种。

通过三级分类陈述之后，可以适当进行相应的对比，帮助客户辨别各种分类的优点所在。与此同时，我们还可以透过不同的角度对行业或产品进行多方位的介绍，核心目的是让顾客增加更多有用的信息量，让他们感到我们在行业和产品上的用心程度。

设计专业性话术的要诀：

☆ 分类应注意新颖性，从自身角度而非对方需求去陈述。

☆ 在生活中去理解别人的话术，反思他人成功的要点，寻找话语或行动背后的规律。

☆ 将自己视为一名知识的传播者，然后再谈销售。

专业性话术是突破心理信任瓶颈的关键点。因此要有充分的准备，即使自己的专业知识有限，也一定要在陈述的过程中呈现出非常专业的气势。把自己塑造成行业专家之后，我们就奠定了相互信任的重要基础。

二、在问答中成交——问询式话术的魔力

当我们把自己视为专家时，我们就是一名知识的传播者而非销售人员。我们所遵循的原则就是自己传播的信息可以对客户提供帮助。然而，销售行为的最终导向还是让客户走向我们，通过了解产品而达成交换。在此情况下，我们还需要有一些能够引导客户走向交换的话语。

在这方面，医生与病人之间的谈话方式是我们最值得参考的一种问询方式。世界上成功率最高的销售人员或许就是医生，因为他们只要几个问句就可以让病人完成交换。首先我们分析一下医生的提问方式：

医生：你哪儿不舒服？（询问一）

病人：头晕、乏力。

医生：咳嗽吗？有痰吗？（询问二）

病人：咳嗽，有痰。

医生：咳嗽多久了？痰是什么颜色？（询问三）

病人：咳两天了，痰是黄色的。

医生：你这是病毒性感冒。（下结论）

打针之后吃这些药就好了。（解决方案）

只要稍微留意，我们会发现医生和病人之间的交谈有如下特点：

☆ 问题的设置是封闭式的。

☆ 在问题的基础上下结论，给人以确定性。

☆ 在结论的基础上给出解决方案（成交）。

医生与病人之间的交流方式，我们在销售理论中称之为问询式话术。就是通过对客户进行不断询问的方式，不断让客户作出选择，从而在一系列问询的基础上作出基本的判断，并为其提供解决方案。

只要稍加分析，我们还可以发现，医生与病人之间的对话还体现了我们引销学的一个核心理念：无我相，有他相。他们之间整个交谈的过程中体现的最重要的信息是病人的需求，以及医生可以提供怎样的帮助。医生需要成交的企图心没有丝毫显现，他的所有问题都是为了更加确认病人的状况。

尽管医生的首要职责是为人看病，他们的职业角色与销售业务人员有一定的区别，但本质上是相同的，就是在问询病人之时，充分挖掘对方的难点和需求点，并在此基础上给出相应的判断或结论，从而为其提供适当的解决方案（成交方案）。

通过梳理，我们可以看出医生在询问病人之时的程序如下：

问事实 → 作判断（根据事实解释对方存在的问题点）→ 提出解决方案。

这个流程对于我们销售人员最好的启发是通过问询的方式来理解客户的需求，从而站在客户的角度作出需求点的判断，并根据这些判断提供有利于客户的解决方案。

就此，我们可以设计一套问询式的话术来实现销售效率的提高。我们所设计的问询语句虽然最终的指向是成交，但在销售过程中都是将以客户的需求为出发点作为判断的标准。

在设计话术之时，我们要始终注意隐藏自身的销售企图心，消除客户的抗拒心理。具体的话术设计流程可以分为四步：

（1）找到自己可以提供的解决方案，最好是三个，分高、中、低三个等级，在作建议的时候给客户提供中间选项，让客户感觉我们是为其着想。

（2）寻找解决方案所需要的结论是什么。

（3）分析要得出上述结论，需要问什么问题。

（4）设计层层推进的几个问题。

具体问题的多少与所售产品的复杂程度及使用周期有关，复杂的产品可以多问一点，一次性产品可以用三五句话来解决。

三、两种话术的融合与转换

无论是专业性话术还是问询式话术，其最终的目标都是成交。尽管我们对这两种话术都进行了模式化设计，但在具体的运用中，我们可以根据对象的多样性而灵活地将两者有机地结合起来。

在进行专业性话术的陈述之后，我们可以根据客户的疑虑或问题进行问询式话术的推演。例如，我们在陈述完小汽车行业发展的趋势及客户关心的普遍知识面之后，可以适当根据客户的进一步需求来设计相应的后续问询，了解客户是对车型、性能还是价格产生疑虑，进而作出相应的解释与帮助。

而客户在与我们进行问询式对话之时，也同样会对解决方案提出一些疑虑，那我们可以用专业性话术来帮客户解除烦恼，站在客户的立场上分析三个解决方案对客户所产生的影响。

比如客户看中了三款价格相近的衣服，我们作出的推荐是中间价位的那一款，顾客可能会有进一步的疑虑，感觉还是不够确定。这时我们可以根据客户的年龄、身材比例、性格特点来对服装的颜色搭配及款式特点进行解释，让对方感到我们是从他的角度来理解他的需求，而且我们对服装搭配也比较专业，从而博得对方的认可。

往更宏观的方面说，我们围绕客户需求进行问询式对话之后，为了让客户有更宽广的了解，我们可以透过宏观的行业分析来让客户深入到行业分类的角度来理解我们对其需求所进行的解释。这样不仅能让客户感受到我们的诚意，还能在不断的相互交流中达到更高的信任度。

总而言之，无论是专业性话术还是问询式话术，都是我们获得客户信任以达成成交的途径。我们在日常的交流中可以将这两种比较能打动人心的话术设计方法灵活运用，糅合到沟通的各个环节之中。

跋

想在一本小书里面将自己的所有想法及思路悉数道尽是不可能的。从常人的角度来看，对于我这样的教育层次的人而言，写书简直是一种奢想。但我最终还是完成了这项看似“不可能”的任务。尽管书中仍有很多需要改进之处，但我愿意将自己多年思索的一些东西跟大家分享。

我的最大心愿是通过自己的梳理，为更多创业或从事营销的朋友们提供更有效率的营销理念和行为方式。为了达到这个目标，我多年来与我的团队不断地在实践中总结各种得失，其间的挫折与反复难以用三言两语道尽之。

既然是引销学丛书之一，我希望这本书只是小试牛刀之一本。在今后的具体实践和思考中，我希望能够为朋友们呈现出更具系统、更能有效落地的作品来。借这个机会，我感谢这几年来一直支持我的老师、朋友和学员们。正是有了大家的帮助，我才有可能将自己的实践经历和不甚成熟的思考通过讲课、写文章等方式呈现出来。

中国人自己的营销理论需要业内朋友们共同努力才能臻于完美，希望今后有更多的朋友加入到营销理论的思考与讨论中，共同为中国人自己的营销智慧提供实践平台。唯有如此，我们才能真正从博大精深的中国传统文化中提炼出更具落地性的营销行为模式。